# CRÍTICA DO CANCELAMENTO

CONTRA
CORRENTE
10 ANOS

Alysson Leandro Mascaro

# CRÍTICA DO CANCELAMENTO

AVARÉ

2025

CONTRA CORRENTE 10 ANOS

EDITORA 247

Travessa Vergílio de Araújo Valim, 167
Avaré – SP – Brasil | CEP 18707 815
www.editoracontracorrente.com.br
contato@editoracontracorrente.com.br

EDITORES
Camila Almeida Janela Valim
Gustavo Marinho de Carvalho
Rafael Valim
Walfrido Warde
Silvio Almeida

EQUIPE EDITORIAL
COORDENAÇÃO DE PROJETO: Erick Facioli
PREPARAÇÃO DE TEXTO: Amanda Dorth
REVISÃO: Manoel Martins
REVISÃO TÉCNICA: Camila Faraldo
DIAGRAMAÇÃO: Gisely Fernandes
CAPA: Maikon Nery

EQUIPE DE APOIO
Carla Vasconcelos
Regina Gomes
Geovanna Sales
Beatriz Duarte Lopes

—

EDITORA 247 PROJETOS ESPECIAIS LTDA
Rodovia Raposo Tavares, KM 22,14, S/N, Bloco B - Sala 6
Lageadinho, Cotia - SP - Brasil I CEP 06709-015
www.brasil247.com.br
contato@brasil247.com.br

EDITOR: Leonardo de Rezende Attuch

**Dados Internacionais de Catalogação na Publicação (CIP)**
**(Câmara Brasileira do Livro, SP, Brasil)**

Mascaro, Alysson Leandro
Crítica do cancelamento / Alysson Leandro Mascaro. -- 1. ed. -- Avaré, SP : Editora Contracorrente, 2025.

Bibliografia.
ISBN 978-65-5396-321-4
ISBN 978-65-989460-0-5

1. Controle social 2. Crítica social 3. Liberalismo 4. Luta de classes 5. Mudança social - Brasil I. Título.

25-314030.0 CDD-303.4

**Índices para catálogo sistemático:**

1. Mudança social : Sociologia 303.4
Aline Graziele Benitez - Bibliotecária - CRB-1/3129

@editoracontracorrente_
Editora Contracorrente
@ContraEditora
Editora Contracorrente

# SUMÁRIO

# INTRODUÇÃO

Sofre-se; ou se luta para acabar com a causa da sua dor, ou para que sofram os demais.

Uma crise social estrutural, se não abre revoluções, perde-se em ações impotentes, múltiplas e desesperadas. O moralismo é um dos mecanismos mais frequentes da ação que não transforma. Em face das explorações, das repressões e dos sofrimentos, aumentam-se próprias doses destes, na expectativa de que a punição geral curaria o mundo. Contra o mal, mais do mesmo. Causas certas e formas de luta erradas revelam a contradição inexorável de um tempo histórico.

A Inquisição foi o símbolo do feudalismo e do absolutismo em crise. O cancelamento é o símbolo do capitalismo e do neoliberalismo em crise. O moralismo preside a ambos os dispositivos: a pretensão de que a educação pelo negativo acuaria todos os sujeitos e faria uma sociedade boa pela cautela geral. Os modos de produção feudal e capitalista geram sociedades necessariamente repressoras; para curar os efeitos disso, aplica-se mais repressão. Assim, o flagelo passa a ser tomado como estratégia legítima e desejada. Ao invés de reclamar a superação da sociabilidade repressora, o capitalismo cria a pretensão de aumentar a dose da opressão a fim de que, ao cabo, todos os sujeitos sejam submetidos ao medo de uns pelos outros e, enfim, submetidos indistintamente à marcha da mercadoria e da acumulação, a única digna de submeter.

Não há sofrimento ou reclame justo que no capitalismo não gere uma economia. Para dominar o rescaldo da dor que cria, o capital gesta as próprias formas de expressão, resolução, reprodução e manutenção dos termos do sofrimento. Lutas contra opressões e dominações são administradas pelo capitalismo mediante as ferramentas do liberalismo, atualmente reputadas por alguns como progressistas. Instrumentos privilegiados do pós-fordismo e do neoliberalismo, o cancelamento e o assassinato de reputações se instalam como uma economia própria, industrializando a ideologia e a perseguição, a benefício da competição e da prevalência. O flagelo geral se torna um maquinário de proveitos estratégicos, uma economia dos resíduos ou da escória da falência da sociabilidade.

É chegado enfim o tempo de lançar a crítica material e concreta ao cancelamento, forma contraditória, impotente e impossível de resolução de lutas, como as de gênero, raça e orientação afetiva. Justa causa – a superação do conflito social –, errônea forma de resolução – o liberalismo. A história dos impasses do tempo presente é a história das contradições do liberalismo. O capitalismo está em causa; as ferramentas liberais não resolvem a contradição do mundo: mantêm-na e a ampliam.

O cancelamento ainda prossegue em seus intentos – e deve até mesmo se expandir – porque o liberalismo conseguiu legitimação ideológica em tempos nos quais o leito da sociabilidade tem por suas margens apenas o chamado progressismo liberal e o reacionarismo. Os dois são maquinários do capitalismo. E, assim o sendo, são modos de constituir, moldar e desaguar interesses, antagonismos e conflitos da sociedade da mercadoria. Até aqui, apenas os reacionários se ocupam da oposição à indústria do cancelamento e do assassinato de reputação. Sendo sua nêmesis, o reacionarismo faz do liberalismo um espantalho e mistura algumas justas análises com horríveis distorções e falseamentos, a benefício da manutenção de outros preconceitos, opressões e domínios.

No quadro político da atualidade, liberais têm passado por *ultima ratio* da emancipação humana; reacionários, por seus antípodas regressistas. Em face desse fracasso social binário, é chegada a hora da crítica concreta e material. Cancelamento e assassinato de reputação são mazelas sociais que têm se legitimado pelo suposto combate a outras mazelas. Seus males se devem não à eventual causa que levantam, mas à forma e aos termos de sua produção. É preciso salvar as lutas de gênero, raça e orientação afetiva da encruzilhada mortífera a que foram confinadas pela história do capitalismo contemporâneo.

Esta é a reflexão crítica e radical em favor da libertação das dominações e das opressões, que se faz em conjunto com a libertação da exploração. As partes do tecido social estão em causa, e também o tecido todo. É a transformação estrutural da sociabilidade o único horizonte que não é trazido à tona no tempo presente; exatamente por isso, os diagnósticos e as lutas de resolução liberais se tornam hegemônicos, sendo frágeis, contraditórios e exasperantes. É preciso avançar na causa de emancipação das opressões e das dominações, e é preciso denunciar que formas de resolução liberais, como cancelamento e assassinato de reputação, não logram câmbios sociais decisivos e, até mesmo, polarizam o retrocesso, dado que liberalismo e reacionarismo andam de par. É chegado o tempo, então, da crítica ao cancelamento como um dos caminhos necessários para a crítica ao capitalismo.

*

Lutando contra reacionários e liberais, pude flagrar essa indústria em ato e denunciá-la em público e institucionalmente. O cancelamento é a nova fronteira do controle social e da imposição do colapso ao ser humano. Este livro, escrito por um alvo da perseguição, é um brado radical da crítica contra um tempo histórico inteiro, na esperança de que outro tempo e outra sociabilidade sejam enfim construídos por nós.

São Paulo, 2025.

*O autor*

# CAPÍTULO I

## A PERSEGUIÇÃO E SUAS FORMAS

### 1.1 Natureza dos fenômenos de perseguição

Sempre se perseguiu. Costuma-se atribuir isso à natureza humana: maldade, competitividade, inveja, ressentimento, capricho, sadismo. Não se deve ignorar essa chave de leitura. Embora a história das sociedades tenha sido feita mediante tantos vínculos de cooperação e tantos atos de cuidado, é fato que a evolução dos seres humanos se fez também na base da exploração, do domínio, da opressão. Além disso, sempre há a busca de referenciais simbólicos de diferença, de singularidade e de distinção. Desejos de prevalência e de hierarquia são reiterados, alguns deles, inclusive, como uma tentativa de perpetuação da vida e de fuga da morte por meio da pretensão de notabilidade em face de outrem. Por esse conjunto de razões, não se pode desconhecer que a perseguição tem algo de intrinsecamente humano, num nível muito arraigado.

Ocorre que tais explicações que giram em torno da pretensa natureza humana não alcançam os mecanismos específicos pelos quais as perseguições se estabelecem. Importa perguntar quem, como e por quê. Daí se verá que as perseguições tomam diferentes formas na história. São distintos agentes, distintas ações e distintos interesses e razões que movem as estruturas persecutórias em cada sociabilidade. Mais do que investigar a maldade humana, é preciso investigar as formas sociais pelas quais seres humanos são destruídos por outros.

Fenômenos ativos de dominação de indivíduos ou grupos são moldados historicamente; suas motivações, variadas. Sociedades de exploração, dominação e opressão contrastam a parte e o todo, levando à subsequente inflição das pessoas destacadas como maneira de concretizar interesses dos subjugadores. A demarcação de alvos é tanto uma produção de sujeições quanto um mecanismo de afirmação, destruição, aproveitamento, acumulação e prevalência. Danar a outrem é prevalecer.

Em cada modo de produção e em cada sociabilidade, as sujeições e as prevalências tomam forma também específicas. Sociedades pioneiras em vida citadina expressiva, como as gregas, forjaram instrumentos punitivos como o do ostracismo. Épocas de dominação religiosa – como a Idade Média e o Absolutismo – forjaram instrumentos persecutórios como a Inquisição. O capitalismo, estruturado na concorrência, lastreado na exploração do trabalho remunerado por tempo e tendo por lei geral a acumulação, forja instrumentos de punição como a pena por tempo de reclusão equivalente ao crime e, ainda, degradações de reputação via aparelhos ideológicos. Regimes de acumulação e modos de regulação internos ao capitalismo – em suas distintas fases – forjam instrumentos como, no pós- fordismo, o cancelamento.

Práticas de segregação, saberes e mesmo tecnologias de perseguição e destruição vão se acumulando historicamente. De um lado, acompanham os específicos modos de produção e suas sociabilidades; de outro, as possibilidades instrumentais. Há um emparelhamento das formas de dominar com as relações de produção. Sociedades guerreiras articulam a perseguição mediante guerra. A violência bruta é seu instrumento principal. Sociedades estamentais e de vassalagem, teológicas, impõem perseguições escoradas em supostas razões de divindades. Aqui, então, a ritualística da segregação toma enorme vulto. Sociedades capitalistas perseguem mediante modos de destruição similares aos de disputas comerciais. O desprestígio social e a aniquilação dos meios de vida são seus instrumentos.

Há também um emparelhamento das formas de dominar e perseguir com as forças produtivas. Sociedades de produção artesanal e não-intensiva, de vida comunitária mais fechada e tradicional, encontram possibilidades de controle mediante tecnologias tradicionais e reiteradas, como a mentira e a fofoca. Estes instrumentais, assim, são primitivos mas também primários, no sentido de que são dispositivos fundantes da maioria das operações de perseguição. O aperfeiçoamento das tecnologias leva, em sociedades religiosas, à denúncia anônima, uma das bases da Inquisição. Já em sociedades capitalistas, industriais, tais dispositivos primários se transformam. Mentira e fofoca podem se valer de instrumentais de massa, como os jornalísticos e editoriais. Etapas tecnológicas mais recentes levam a engendramentos como o do *stalking* ou o do cancelamento, via redes sociais de internet.

Sempre se perseguiu. Mas cada modo de produção e cada tipo de sociabilidade geram formas específicas e típicas de dispositivos de perseguição. Sua natureza não é humana no sentido de atavismo individual, mas sim social. Por isso, se se quiser lutar contra a danação dos sujeitos por outros, não basta a crítica genérica ao ser humano: é preciso criticar a sociedade que lhe dá forma.

## 1.2 Formas históricas das perseguições

Considera-se perseguição a ação de sujeitos engajados intencionalmente no propósito de danar, limitar, desmerecer, subjugar, violentar, exterminar ou prevalecer em face de outros sujeitos, buscando alterar para menos a situação até então havida de seus alvos. A cada modo de produção, os ferramentais de perseguição se consolidam e se estabelecem de modo específico.

Sociedades de modo de produção escravista sustentam a perseguição na força. Sendo seu instrumento preponderante, daí deriva também um padrão primitivo e também primário de perseguir: valer-se da coerção física, danar mediante flagelos corporais ou execução, impondo a lesão ou a morte. No entanto, em contextos escravistas mais sofisticados, via de regra mais urbanos, nos quais a transação entre os sujeitos demandava a articulação da força com o convívio, formas excedentes de perseguição também se desenvolveram. Além do uso da força direta, mecanismos de afastamento social foram utilizados como inflição aos sujeitos perseguidos. Ostracismo, deportação, banimento ou exílio são modos de alijamento do espaço social. Tais fenômenos se deram, em especial, nos ambientes gregos e romanos. Nestas formas de perseguição que se assentaram em sociedades escravistas mais urbanizadas, a danação era exatamente a de impedir a convivência. Aristóteles, tomando o ser humano como *zoon politikon*, animal político ou social, considerava a amizade um vínculo supremo de felicidade. Quando se alija o indivíduo do espaço social, impede-se exatamente essa virtuosidade da convivência; esvazia-se de modo pleno a potência de vida do indivíduo castigado.

Sociedades de modo de produção feudal são mais ligadas à manutenção dos vínculos de exploração pela tradição – ideologia – do que propriamente pela força. E, nas Idades Média e Moderna, o cimento ideológico do feudalismo foi a religião. Aqui, então, além das formas tradicionais de perseguição – flagelos corporais ou morte –, tomam vulto outras formas, consolidadas no fenômeno da Inquisição. Esta última é tanto um conjunto de práticas e modos de perseguir e danar como uma instituição formalizada e consolidada, sob a égide da Igreja. Destaca-se, em especial, pela armadilha de ligar acusação à danação. Atribuindo-se inspiração divina ao inquisidor, sua denúncia faz com que o acusado seja posto sob as malhas que levam a um resultado final condenatório. Ferramentais como os dos ordálios reforçam a impossibilidade de escapar das imposições dos acusadores. No ambiente religioso, ainda, desenvolveram-se, antes e depois da Inquisição, dispositivos persecutórios como o da excomunhão ou da proibição de divulgação de ideias, com instituições como a do *Index Librorum Prohibitorum* ou, no campo das penas eclesiásticas, o silêncio obsequioso.

No modo de produção capitalista, a perseguição se formaliza pelo Direito. O Estado surge como forma de poder distinto daquele dos sujeitos. A imposição da exploração e do domínio social passa a ser, então, engendrada mediante instrumentos jurídicos. O Estado e o Direito assumem ares de legitimidade para a perseguição. Assim sendo, tipificam-se ações consideradas criminosas e processualizam-se as formas políticas e jurídicas de sua punição. Estabelecem-se instituições penais, como polícias, judiciários, ministérios públicos, cadeias, bem como se formalizam os agentes públicos da perseguição e da punição. O Estado e o Direito arrogam o monopólio da violência e a perseguição considerada legítima.

Quando a forma estatal e a forma jurídica se assentam, outras perseguições que não as dos agentes públicos competentes só são aceitas se forem autorizadas pelo Direito. São exemplos de atos persecutórios não-estatais considerados juridicamente legítimos a defesa da vida e de sua segurança pelo cidadão, da propriedade pelo proprietário privado, e mesmo a imposição de submissão ao trabalhador assalariado conforme as condições de trabalho pactuadas. Outras perseguições serão, então, ações consideradas no máximo extrajurídicas, mas, quase sempre, antijurídicas, tomadas aqui como crimes. O Direito e o Estado tipificam as perseguições legítimas e criminalizam as demais perseguições.

Se o capitalismo se estrutura na separação entre o Direito e o Estado e os agentes da produção – os sujeitos cidadãos –, então a perseguição considerada legítima é a pública, jurídica e estatal. Mas, dentro desse próprio âmbito persecutório legitimado, costuma-se tratar de exceções limitadoras. Atos produzidos por razão ou interesse pessoal do agente público e abuso de direito são alguns de seus exemplos. Neles, o poder público avança para além de sua competência. Situações como as de ditadura também costumam pôr em xeque – ainda que *a posteriori* – as decisões e ações persecutórias estatais. Outro derivado dessa crítica à perseguição feita pelos agentes públicos é, nos tempos mais recentes, o fenômeno do *lawfare*. Aqui, o uso do Direito é considerado eivado de ilegitimidade por conta da sistemática distorção de seus propósitos ou procedimentos.

Uma crítica liberal considera injusta e ilegítima a perseguição não tipificada pelo Direito. Mas uma crítica material ao capitalismo infere que a perseguição pelo Direito, considerada legitimada, não constitui um problema apenas quando são desrespeitados os institutos e procedimentos jurídicos devidos. A perseguição jurídica é, no fundamental, a forma da reprodução da exploração e das dominações da sociedade burguesa. O Direito é a forma de poder das sociedades exploradoras produtoras de mercadoria. Mesmo quando legítima, a perseguição jurídica é domínio e mecanismo da engrenagem da exploração.

No capitalismo, além das formas persecutórias típicas, instrumentadas pelo Direito, conhecem-se perseguições extrajurídicas e antijurídicas: violências, boicotes, *stalking*, assassinatos de reputação, cancelamento. Algumas delas são fatos a princípio indiferentes à normatização jurídica, como os fenômenos do boicote e do cancelamento. A maioria dessas ferramentas de perseguição, no entanto, é considerada antijurídica: violências promovidas por agentes privados; perseguições tomadas em sentido estrito, tipificadas criminalmente, sendo o *stalking* uma de suas modalidades; assassinato de reputação, se isso envolve crimes contra a honra, como calúnia, injúria e difamação.

Há práticas primeiras e primárias de perseguição – mentira, fofoca, violência física, execução. A elas, somam-se específicos dispositivos históricos, da Inquisição ao Direito, do *lawfare* ao *stalking*. O cancelamento é apenas mais uma das formas que exsurgem de específicas sociabilidades na história; no caso, da atual.

## 1.3 Exploração, dominação, opressão e perseguição

A perseguição é uma ação de danar. Busca caçar, desgraçar, desmerecer, alijar, segregar ou dominar. A perseguição pode redundar em dominação, mas perseguir e dominar são fenômenos apenas parcialmente interseccionados. Há a possibilidade de existir domínio sem prévia perseguição, bem como a de perseguição sem levar a domínio. A dominação pode ensejar a hierarquização e a submissão sem a necessidade de atos persecutórios específicos. Perseguir é danar a outrem; dominar é sustentar uma subjugação. A primeira é uma produção; a segunda, uma reprodução. A perseguição se consubstancia em atos; exploração, dominação e opressão são formas amplas e reiteradas de relação. A divisão de classes leva de modo compulsório à exploração. O patriarcalismo, o racismo e a homofobia são exemplos de dominações que, de pronto, verticalizam relações. Golpes, terrorismos, genocídios ou violências sistemáticas são exemplos de opressões. Nos casos de exploração, domínio ou opressão, sua causa é a constituição de práticas sociais de hierarquia perenes ou estruturais e sua subsequente naturalização.

A exploração, o domínio e a opressão estão na conta de relações sociais reproduzidas; a perseguição está na conta de relações sociais produzidas. Esta se faz mediante atos específicos e, daí, busca levar a uma verticalização antes não havida. Perseguir é afetar, molestar ou danar o que não estava até então nessa condição. Pode-se vincular ao quadro geral de exploração, domínio e opressão, mas pode também se vincular às demandas isoladas da intersubjetividade, ao comezinho, ao capricho. E nem toda perseguição tem por objetivo a manutenção de ações de desgraçar de modo reiterado ou buscando proveitos perenizados, podendo ser só uma danação a outrem sem continuidade posterior da subjugação. Por isso, de um lado, os círculos da exploração, do domínio e da opressão, e, de outro, o da perseguição, são apenas parcialmente interseccionados.

Explorações, dominações e opressões são imposições de relações verticalizadas ou hierarquizadas que se sustentam estruturalmente. Tais relações são reproduzidas, dado que ganharam forma social. Forjam-se modos de constituição dos sujeitos e de suas interações suficientes para a manutenção das próprias interações, além de diretas coerções em caso de negação ou confrontação de seus ditames e intentos. Relações que se mantêm e que se impõem aos sujeitos tomam forma social. Os vínculos intersubjetivos, então, produzem e reproduzem tais padrões.

A exploração se refere a relações no plano econômico, em especial à forma de prevalência intersubjetiva na produção. Condições como a de escravizado, servo ou trabalhador assalariado são de exploração. Já por dominação e opressão consideram-se relações cuja subjugação é política, institucional, cultural ou social. A dominação é uma reprodução de vínculos de poder mais perenes; a opressão é uma reprodução de subjugações mais dependente de acontecimentos ou eventos que diretamente a geram ou ensejam. Quando uma guerra barbariza um povo tornado seu alvo, diz-se que este foi oprimido. Em havendo a sustentação desse poder sobre o povo guerreado, diz-se que este está dominado.

A perseguição pode ser um dos instrumentos da exploração, da dominação e da opressão, quando focada ou individualizada e suplementar à própria condição estrutural nos dois primeiros casos e quando um de seus elementos constituintes, no último caso. Prevalência de classe, de gênero, de raça ou de nacionalidade são dados a partir dos quais a perseguição ou se reforça ou se vale para seus intentos. Opressão sobre classes, grupos ou indivíduos pode ser reforçada ou mesmo constituída pela perseguição. Os fenômenos da perseguição e da opressão se tocam em sua identificação. Perseguir é agir num nível intencional em face de todos os sujeitos-alvo especificamente. Oprimir é agir num nível intencional em face de um grupo, sem que se distingam, necessariamente, todos os sujeitos aí contidos.

Até mesmo quando se narra a partir do ângulo do sujeito alvo, a opressão tem um grau de generalidade maior que a perseguição. Alguém se diz oprimido por conta de uma situação, uma dificuldade, também por uma estrutura. Diz-se perseguido aquele que sofre uma caçada, uma opressão a ele direcionada de modo intencional.

## 1.4 Sistemática dos fenômenos de perseguição

Os fenômenos de perseguição são múltiplos e intercambiáveis. Historicamente, vão-se acumulando dispositivos, mecanismos e saberes que buscam caçar e prejudicar a outrem. Na estrutura do Direito contemporâneo, atos persecutórios atravessam, inclusive, muitos tipos penais. A sistemática da perseguição alberga tanto fenômenos básicos quantos desenvolvidos, tanto ferramentas extralegais como legais.

No que tange à sua complexidade, há dispositivos primários e primeiros de perseguição, que se podem considerar tanto fruto de relações intersubjetivas básicas quanto de tecnologias também básicas. Nesse espectro situam-se, no âmbito da narrativa e da manipulação da honra, a mentira e a fofoca; no âmbito das lesões, a violência física e a morte, sendo a guerra uma ação quantitativamente expressiva de persecução violenta. Tais conjuntos de perseguições são primários no sentido de seu ferramental simples, e primeiros no sentido de seu uso reiterado, de modo singular e, também, presentes em formas mais sofisticadas de perseguição. Os dispositivos primários acabam por ser, *grosso modo*, os mais diretos no sentido de atingir objetivos de detratar e danar.

Ainda quanto à complexidade, há dispositivos de perseguição surgidos em sociabilidades específicas e complexas, podendo-se considerá-los, assim, relações intersubjetivas desenvolvidas, lastreadas em tecnologias também desenvolvidas. Nesse âmbito estão as danações do convívio social: ostracismo, deportação, banimento e exílio. Outras perseguições complexas são as danações mediante instituições, a exemplo daquelas engendradas por religiões: Inquisição, sanções religiosas, excomunhão, *Index* ou penas eclesiásticas. Na Idade Contemporânea, desenvolvem-se ainda outros dispositivos institucionais que se arrogam o monopólio da perseguição, como os do Direito e do Estado. Para além destes, também se estabelecem dispositivos de industrialização do controle da reputação, como aqueles fomentados pelos meios de comunicação de massa. Não são conjuntos estanques de ação persecutória; via de regra, muitos deles, tanto os institucionalizados quantos os sociais, acabam se articulando.

No capitalismo, as perseguições são reconfiguradas mediante duas específicas formas sociais, política estatal e jurídica. Estado e Direito se afirmam na pretensão da perseguição legítima. Com isso, o poder institucional público estabelece uma dicotomia entre perseguições jurídicas e extrajurídicas ou antijurídicas. No campo da perseguição jurídica, ela pode ser tanto a ação estatal albergada nas competências dos agentes públicos, considerada legal, quanto aquela considerada excessiva ou mesmo antijurídica feita pelos agentes jurídicos: aqui se destacam o abuso de direito e o *lawfare*. Já as perseguições extrajurídicas ou antijurídicas são aquelas realizadas ao largo da ou contra a legalidade: crimes tipificados penalmente contra a pessoa e contra a honra, violências variadas, *stalking*, assassinatos de reputação, boicotes, cancelamento. Estas últimas duas ferramentas costumam, a princípio, ser consideradas extrajurídicas; as demais, antijurídicas, portanto criminalizáveis.

No que se refere ao âmbito do sustento das relações de perseguição, elas se distinguem entre as que se perfazem na relação perseguidor/perseguido e as que reforçam opressão, dominação e exploração. No primeiro dos casos, a ação persecutória é eminentemente intersubjetiva: específicos agentes perseguidores atuam contra específicos alvos, buscando prejudicá-los, desgraçá-los, desmerecê-los ou desfavorecê-los. No segundo caso, a perseguição se apresenta como um elo de cadeias de relações sociais de mesmo perfil. Aterroriza pessoas ou grupos alvo de opressão; vale-se de padrões sociais de domínio para avançar na subjugação, reforçando esses próprios padrões; extrai proveito econômico de condições intersubjetivas que ensejam exploração. Nessas situações, as perseguições têm por alvo sujeitos de grupos sociais vulneráveis ou de classes exploradas.

As perseguições podem também ser compreendidas sistematicamente a partir da quantidade de agentes envolvidos em seus trâmites. Sendo sempre um conjunto de ações intersubjetivas, as perseguições podem ser singulares e múltiplas. São singulares aquelas que envolvem um sujeito perseguidor e um sujeito perseguido. São múltiplas aquelas que envolvem mais de um agente perseguidor ou, ainda, mais de um alvo. Se múltiplas, as perseguições podem ser nucleares ou incidentalmente conexas. A ação persecutória múltipla nuclear é aquela feita deliberadamente por um grupo, podendo essa associação eventualmente criminosa ser considerada, juridicamente, quadrilha ou bando. Se seus agentes concorrem apenas parcialmente a fins gerais persecutórios, então sua conexão é considerada incidental. Também os alvos podem ser múltiplos nucleares, no caso de perseguições a grupos, membros de família, movimento político, social ou empresa, ou incidentalmente conexos, quando os sujeitos não guardam relação entre si, mas são constituídos em grupo-alvo por ação ocasional ou caprichosa.

No que tange à intenção persecutória, ainda se podem diferenciar ações deliberadas (dolosas) ou sem intenção (culpáveis). Qualquer perseguição tem, necessariamente, um ou mais sujeitos ativos que operam deliberadamente no sentido de caçar, subjugar e desmerecer seu alvo. Mas outros agentes conexos podem participar de modo culposo de tais dinâmicas. No que tange à forma de ação, os atos de perseguição podem ser comissivos ou omissivos. Via de regra, perseguir é agir contra a pessoa e a honra, mas a inação também pode ser persecutória se os meios para a danação dos alvos envolverem posturas de omissão – por exemplo, saber de um potencial acidente e se abster de informar o sujeito-alvo que está sob risco. Por fim, no que tange à quantidade de atos, as perseguições podem ser singulares ou complexas. Por singular se compreende a perseguição subsumida em uma ação. Por complexa se considera a existência de uma teia persecutória, com vários atos podendo se dar tanto em sua preparação quanto na execução.

## 1.5 Legitimações das perseguições

Como padrão geral, perseguições buscam sua legitimação. Argumentos e razões em favor de atos persecutórios favorecem a aceitação social destes. Frequentemente, algumas ações de danação de outrem são legitimadas socialmente, outras, ao contrário, abominadas, e outras tantas situações se põem em disputa, demandando explicações no âmbito da casualística.

Os dispositivos primários e primeiros de perseguição têm variadas estratégias de legitimação. A fofoca se firma em cumplicidades, compromissos, transmissões de segredos que reforçam o vínculo e o afeto dos que os trocam. A mentira, por sua vez, é frequentemente rechaçada, considerada como instrumento maligno e vil de perseguição. As violências físicas, quando na reação às perseguições, muitas vezes são consideradas legítimas. Torturas como forma de obtenção de informações ou de pretensa educação corretiva são rechaçadas por parcelas da sociedade, mas ainda aceitas por alguns setores quando se embalam na justificativa de que seriam instrumentos de investigação; como castigo ou mero capricho para o rebaixamento do violentado, tendem a ser abominadas. O mesmo com o homicídio, legitimado socialmente em perseguições nas quais se punem pessoas consideradas indesejadas.

Formas históricas de alijamento social, como o ostracismo, o exílio, o banimento e a deportação, são tomadas por legítimas quando seus alvos passam por sujeitos perigosos ao convívio. Já formas religiosas de perseguição, como a Inquisição, têm legitimação ideológica. A crença justifica ações persecutórias contra ímpios, pecadores, inimigos dos valores ou ditames das divindades. O padrão da Inquisição impacta tanto os seus procedimentos internos – as acusações e as sentenças se reputam advindas de pendor divino

– quanto arrojos similares – desígnios de monarcas absolutistas, guerras santas etc.

No capitalismo, as legitimações das perseguições se reconfiguram substancialmente. O Estado arroga o monopólio da violência, dispondo das perseguições a partir de institutos competentes e de tipos penais previstos normativamente, mediante trâmites processuais e procedimentais jurídicos. Daí, então, o que for realizado pelo Estado e pelo Direito será considerado legítimo. Para além desse campo, se as situações não forem referidas especificamente pelas normas jurídicas, elas então tendem a ser consideradas extrajurídicas, no sentido de permitidas porque não proibidas pelo Direito. Mas, em caso de específica tipificação, os atos serão considerados antijurídicos, sendo o crime sua manifestação mais exemplar.

Perseguições tomadas em modo estrito, como aquelas contra a pessoa ou sua honra, são tipificadas criminalmente. Atentados contra a vida, a integridade física ou a reputação dos sujeitos tendem a ser deslegitimados socialmente por conta, principalmente, de sua penalização jurídica. Ressalvam-se, aqui, as hipóteses nas quais o próprio Direito legitima os atos persecutórios privados, como quando em reação a crimes ou em legítima defesa.

Já perseguições tomadas em modo amplo, como o boicote, o cancelamento e o assassinato de reputação, são variáveis em sua aceitação social. O boicote é considerado legítimo quando assim for a causa que o move. Em disputas sociais, políticas ou empresariais, as razões justificariam os movimentos de contraposição a outrem. Algumas razões que levam à realização de greves se assemelham às que motivam um boicote. Outra das formas de perseguição, o assassinato de reputação, via de regra é plenamente deslegitimada socialmente, tanto quanto a mentira. São tomados como movimentos sistemáticos de destruição de imagem de indivíduos, entidades, empresas, partidos ou movimentos, a benefício de interesses escusos dos que assim procedem.

Por sua vez, o cancelamento tem dinâmica própria: tal qual movimentos inquisitórios, ele parte de uma presunção de valores tornados majoritários, a partir dos quais ações terceiras são consideradas como intoleráveis e o cancelamento de seus agentes imperativo, porque justo. A sanção tem grande peso moral, como o eram as formas de perseguição religiosa nas Idades Média e Moderna. Se o boicote põe em disputa, no plano político, sua conveniência e justeza, parecendo-se aqui similar às antigas decisões de banimento social, o cancelamento impõe-se como absoluto moral, similar à Inquisição. Daí, a perseguição por cancelamento distingue-se também de figuras como a do assassinato de reputação: sua afirmação é de uma presunção de legitimidade universal de seus padrões e métodos.

As perseguições tendem a buscar legitimação, mas pode-se inferir que as bases desta são de duas ordens distintas: estratégica e moral. Mentira, fofoca, violência, extermínio, persecução e punição penal, boicote e assassinato de reputação tendem a fundar suas legitimações sociais em razões estratégicas. Distintos dessas formas gerais de perseguição, a Inquisição e o cancelamento tendem a se fundar em diretas legitimações morais. Padrões divinais ou defesa de valores comportamentais civilizacionais justificam seus atos.

## 1.6 Especificidades do cancelamento

Tal qual a Inquisição, o cancelamento é um movimento de perseguição com pretensões a uma legitimidade não apenas estratégica, mas moral. E, por isso, seus procedimentos operam uma ligação direta entre acusação e danação. A Inquisição presume um tecido social concordante com valores unificadores, como os teológicos. O cancelamento, de mesmo modo, presume conquistas civilizacionais, assunção de consciência, defesa de direitos – tudo isso tido por valor universal. Por conta dessa unidade social pretendida, tanto a inquisição quanto o cancelamento permitem inferência imediata entre denunciar e desgraçar.

Pode-se considerar o cancelamento um fenômeno difuso e presente em muitas sociedades anteriores. Tomado num sentido lato, cancelar é denegar, bloquear, impedir, cercear, desmerecer. Vários fenômenos persecutórios na história com isso guardam semelhança. Mas considera-se cancelamento, de modo estrito, como um fenômeno contemporâneo, tipicamente surgido no início do século XXI, em escala já mundial, e que corresponde a específicos dispositivos de perseguição fundados em pretensões morais de justiçamento, correção social, danação de seus alvos e exemplaridade.

Seu surgimento e sua imediata expansão em escala mundial se devem a circunstâncias específicas: o predomínio de vínculos sociais sob forma contratual, liberal, nas sociedades capitalistas mundiais; a hegemonia dos Estados Unidos da América e a imposição de seus padrões comportamentais e ideológicos em escala global; o refluxo de alternativas superadoras do capitalismo e a consequente redução de horizontes políticos que levam à reforma social como pretensa única possibilidade de redenção do tempo presente. Além disso, somam-se ainda novas tecnologias de contato intersubjetivo, como as da internet e das redes sociais, que possibilitam massivos controles do desejo e da frustração e manejos de opinião forjados por algoritmos. Para as subjetividades constituídas sob o neoliberalismo, o cancelamento se apresenta como instrumental privilegiado – eventualmente único – para a sensação de correção dos males identificáveis e dos incômodos difusos do presente.

Neste sentido, o cancelamento amplifica e retifica dispositivos persecutórios imediatamente próximos, como os do macartismo. Nos próprios Estados Unidos, que deram origem ao cancelamento, o macartismo, décadas antes, representou um movimento massivo de repressão, mas mais próximo de um controle estatal ou institucional das opiniões do que propriamente movido pela dinâmica social. Além disso, não prosperou mundialmente por conta ainda das diferentes idiossincrasias culturais nacionais reinantes nas demais sociedades capitalistas. E, ainda, o macartismo se demonstrava reacionário, contrastando com vivas forças libertárias, das revoluções socialistas às revoluções sexuais e de costumes.

O cancelamento, no século XXI, encontra tanto um solo distinto quanto meios próprios que o fazem majorar mundialmente aquilo que no macartismo se apresentava como parcial ou nacional. Findados os tempos de revolução socialista, sexual e de costumes, os horizontes de liberalismo se impuseram como margem virtual privilegiada de progressismo. Com isso, sua imposição moral não se apresentava reacionária, mas sim de esquerda, ainda que num pastiche liberal do que isso possa ser. Também os EUA já reinavam econômica, social e ideologicamente como determinante majoritário dos modos de valoração, pensamento e comportamento em grandes parcelas do globo. Seu papel não era apenas de superpotência dominante em face de outras, como a União Soviética; a partir do final do século XX, apresentou-se como única superpotência mundial. Assim, seus padrões e dispositivos de sociabilidade impuseram-se à larga às demais sociedades capitalistas. O macartismo afirmava-se como bastião de resistência repressiva contra o avanço do progresso; o cancelamento afirma-se como repressão para o progresso.

Também a ideologia liberal, em sua feição atual, neoliberal, avançou por costumes e comportamentos mediante tecnologias como as da internet e das redes sociais. Tal conexão em escala mundial permitiu a pasteurização de informações, valores e modos de relação intersubjetiva. A própria estrutura de mobilização da internet, mediada por algoritmos e que privilegia afetos de ira e de combate a outrem, gerou um campo propício ao cancelamento. Neste sentido, seus dispositivos alcançam uma generalização em escala mundial. O macartismo foi bastante restrito aos espaços reacionários estadunidenses, num tempo de progressismo revolucionário ainda em aberto. O cancelamento é progressista sob medidas, exatamente conforme o domínio liberal pelo mundo.

As circunstâncias da generalização das perseguições sob forma de cancelamento são muito similares às da Inquisição. O Vaticano assentava-se, nas sociedades medievais e modernas, como centro político e ideológico, difundindo sua visão de mundo e impondo de modo relativamente homogêneo seus tentáculos decisionais sobre variados povos e sujeitos. Também o cancelamento pasteuriza valores sociais em plano mundial e afirma padrões de moralidade reputados universalistas. Com isso, consegue alcançar uma forma de reprodução social muito distinta daquelas das demais perseguições historicamente assentadas. Se elas se faziam de modo estratégico, demandando quase sempre avaliações de situações e casos concretos, o cancelamento, tal qual a Inquisição, é legitimado moralmente em seus próprios termos. Assim sendo, generaliza-se com jactância e presunção, correspondendo a uma espécie de moralidade extrema ou limite do capitalismo neoliberal.

O cancelamento também se distingue de demais formas de perseguição por seu caráter de construção e demonstração social de repúdio e ojeriza contra seus alvos. Aqui, mais uma vez, se equivale à Inquisição: é preciso contrastar bons e maus, virtuosos e indignos, danando e desgraçando os que passem a ser desapreciados socialmente. As dimensões psicanalíticas básicas do nojo em face de outrem e do contraste moral infantilizador entre opostos são motores fundamentais da reprodução do circuito do cancelamento.

Os dínamos das lutas mediante cancelamento consubstanciaram-se, no capitalismo neoliberal, desde a década de 1980, por meio de lutas e movimentos de grupos sociais oprimidos ou dominados. Costuma-se chamá-los (via de regra de modo detrator e reacionário) por identitários. As lutas em torno das identidades nos planos de gênero, raça, orientação afetiva ou nacionalidade, dentre outras, consolidaram sua legitimidade social nos tempos neoliberais valendo-se de armas de luta também liberais: denúncias, criminalizações, desgraçamentos de reputações. Tudo isso no âmbito de indivíduos-alvo a serem castigados, a serem tomados como exemplos negativos. Há uma pretensão de moralização social a partir dos casos de danação. Busca-se uma educação pela oposição entre comportamentos certos e errados. O liberalismo não tenciona transformar a sociedade: suas ferramentas, mais impotentes que as de uma revolução, pretendem então um letramento social, uma espécie de esclarecimento imposto pela negação do que é operado pelos sujeitos cancelados.

Neste sentido, os dispositivos de cancelamento são eminentemente reativos, repressores. Sendo a forma neoliberal por excelência da perseguição, o cancelamento constrói uma ambiência social de exacerbação de moralidades como modo de reeducação. Sua dinâmica deita métricas normativas a comportamentos individuais e a relações intersubjetivas. Cancelar é moralizar indivíduos. Num mundo que abomina a transformação, retificações morais passam a ser seu horizonte aspiracional. Moralização é impotência. O cancelamento é a demonstração repressiva moral final da falência do capitalismo, como a Inquisição o foi do feudalismo e do absolutismo.

# CAPÍTULO II

# A ECONOMIA DO CANCELAMENTO

## 2.1 Capitalismo e perseguição

O capitalismo tem na destruição de oponentes um de seus dínamos. A busca de prevalência é inerente às formas de exploração concorrenciais. É verdade que, à concorrência, o próprio capitalismo desenvolve balizas e freios. Várias formas de perseguição são consideradas ilegais nas sociedades capitalistas: violências físicas, homicídio, crimes concorrenciais, crimes contra a honra. Mas algumas formas de perseguição ficam à margem dos tipos penais ou das interpretações jurídicas. A destruição de reputações é um desses instrumentos privilegiados que permitem a acumulação mediante interstícios da própria regulação capitalista.

As formas de contenda envolvendo a reputação são dispositivos primários de perseguição; com o capitalismo, dá-se um aumento das tecnologias que as envolvem. Desde a expansão do jornalismo impresso, no século XIX, até o uso da propaganda e a guerra de informações ao longo do século XX, disputas – individuais, coletivas, políticas ou empresariais – e guerras valem-se de mecanismos massivos de desmerecimento alheio como forma de sobrepujança.

Modalidades ditas de cancelamento são uma das fronteiras mais avançadas dessas concorrências da imagem e da honra.

O combate à reputação é um instrumento por excelência da concorrência capitalista exatamente por seu caráter moral. O desmerecimento carrega consigo potências de sensibilização na ordem dos valores. Marcar fortemente o certo e o errado, o bem e o mal, o legal e o ilegal, estabelece binários que permitem imediato engajamento subjetivo e operações nas quais desgraçar outrem não é sentir-se má pessoa por perseguir, mas, ao contrário, boa por justiçar. O linchamento (aqui sempre tomado em sentido moral, contra a reputação, embora não se exclua a hipótese de também alcançar ações físicas) é uma mobilização de violência de massas exatamente por conta do engajamento moralista no qual, em se danando um alvo, reforça-se a acepção social de virtude do linchador.

O cancelamento se torna rapidamente uma forma social interpelante e massivamente replicável devido à sua natureza moral. O desgraçamento alheio ganha, com o cancelamento, importante dinâmica: ensina tomadas de iniciativa e/ou mimetizações de comportamentos. O ato de cancelar não torna seu operador um desprezível justiceiro nem mero membro de manada; socialmente, ele é considerado ético, compromissado com a reeducação dos comportamentos, engajado em demandas absolutas de seu tempo histórico. Quando a possibilidade de destruição de outrem se encontra com a virtuosidade de quem destrói, o cancelamento, então, ganha impulso e motivação, impondo-se como referência a amplas parcelas das sociedades.

O capitalismo encontra no cancelamento uma forma social excelente de consecução de interesses competitivos. Muito rapidamente, os ambientes empresariais, intelectuais e de mídia passam a ser enlaçados por pleitos de padrões de moralidade que têm o cancelamento como dispositivo de vazão. Assim, incorporando práticas, estéticas e jargões clamados moralmente pelo tempo histórico presente, os espaços do capitalismo global assumem pautas tanto em razão de movimentos espontâneos de conscientização quanto por pressão e medo dos impactos de ser alvo de cancelamento. A possibilidade de sofrer tais consequências gera, então, cadeias de relações sociais de submissão e de poder. O cancelamento se torna, daí, uma verdadeira indústria capitalista, no sentido de mecanismo geral de produção de acumulação, lucros, distinções sociais e poder.

## 2.2 Fases do capitalismo e modos de perseguição

As sociedades do capitalismo se estruturam mediante formas inexoráveis a esse modo de produção. A mercadoria, a propriedade privada, a exploração do trabalho assalariado e a lei geral de acumulação são algumas das coerções necessárias das relações sociais capitalistas. Daí, podem-se inferir padrões de intersubjetividade estruturais e constantes dessa sociabilidade. No capitalismo, a concorrência sempre se estabelece em busca do interesse de apropriar-se e acumular. O ter é seu padrão. E, aqui, não é possível opor moralmente o "ser" ao "ter": nas sociedades capitalistas, "ser" é "ter".

Nenhuma das grandes razões do interesse de sobrepujar a outrem se abala com apelos morais ou movimentos institucionais que pretendam refrear a dinâmica do capital. Ter capital é explorar e acumular; a extração de mais-valor do trabalho assalariado é basilar do antagonismo social estrutural do capitalismo. Circular a mercadoria é lucrar; o desmerecimento de terceiros é a possibilidade de uma menor concorrência. Por isso, em todas as sociedades capitalistas os dispositivos de perseguição são presentes e avançam para além das limitações jurídicas ou de padrões morais. Voltadas à acumulação, as sociedades da mercadoria têm em todo ser humano um potencial alvo.

Ocorre que as modulações e fases do capitalismo geram específicas inflexões em sua sociabilidade. O modo de produção tem formas sociais inexoráveis e estruturais; suas fases internas fazem arranjos próprios dessas mesmas formas. Essas etapas são regimes próprios de acumulação, com modos próprios de regulação. O capitalismo da segunda metade do século XIX tinha por estratégia de acumulação uma espécie de mercantilismo liberal; no começo do século XX, trocou esse modelo por uma produção industrial de massas. Tomando a fábrica de automóveis Ford como um de seus paradigmas, chama-se a esse regime de acumulação de fordista: grandes plantas industriais, regulações e organizações coletivas das classes trabalhadoras na produção e no consumo, planejamento econômico estatal, referenciais de bem-estar social e desenvolvimentismo dão os balizamentos do fordismo como regime de acumulação e modo de regulação interno ao capitalismo.

Já no final do século XX, a partir da crise dessa reprodução social fordista, avança outro padrão interno do capitalismo: o pós-fordismo. Economicamente, desvincula-se de grandes planejamentos industriais da produção e se lastreia ainda mais na financeirização; politicamente, abandona nortes de bem-estar social e desenvolvimentismo em favor da aberta repressão estatal aos pobres. Da década de 1980 até o presente, são os tempos também conhecidos por neoliberalismo. Acentuam-se ainda mais as características de individualismo e de mero e aberto interesse político-econômico de acumulação. Trocam-se balizas de direitos sociais por pleitos de direitos civis individuais e majoração do Direito Penal.

O fordismo é um modo de enlaçamento dos explorados e dominados na própria dinâmica negocial dos exploradores e dominadores. Os trabalhadores assalariados e os sindicatos disputam com os patrões em torno de salários e condições de trabalho, sem romper com a própria lógica contratual. A negociação é seu dispositivo principal, tanto entre as classes quanto internamente à classe trabalhadora. Por sua vez, no pós-fordismo se dá um processo de ainda maior concorrência entre os sujeitos. Desprivilegia-se a coesão e a negociação entre as classes e internamente a elas. Num regime de acumulação ainda mais baseado nos serviços e no rentismo, exclui-se o concorrente. Trabalhadores não se enlaçam organicamente, não articulam em torno de coesão de interesses; antes, concorrem absolutamente entre si. O fordismo estabelece relações intersubjetivas com tendência à inserção no sistema por composição entre as distribuições

(Δx <-> Δy). O pós-fordismo estabelece relações intersubjetivas com tendência à inserção no sistema por exclusão de outrem (x ou y). Aqui reside a base material do cancelamento.

As formas das perseguições se amoldaram aos diferentes regimes de acumulação e aos modos de regulação internos do capitalismo. No fordismo, imperavam padrões intersubjetivos de coesão social – trabalho em indústrias, sindicatos, partidos de massas. As perseguições, então, se faziam envergonhadamente, porque rompiam vínculos de sociabilidade como os da lealdade, da honra e verdade. Matar e guerrear eram considerados modos de perseguir mais nobres do que os da mentira e os da fofoca. No pós-fordismo, imperam padrões intersubjetivos de competitividade individual – trabalho em serviços, com maior isolamento de convívio e uso preferencial de comunicação por tecnologias, desregulação de direitos sociais, alheamento a horizontes de transformação social. As perseguições, agora, podem se valer da expressão contínua de interesses individuais, sem compromissos sociais com lealdade, honra ou verdade. Rancores e ressentimentos são transformados diretamente em pleitos justificados pelo interesse individual. Matar e guerrear passam a ser considerados brutos: a perseguição, no pós-fordismo, volta ao plano do desmerecimento da imagem. Mentiras – pós-verdade, *fake news* – e fofocas – opiniões, impressões subjetivas, juízos e avaliações com base em imediatos *likes* e *dislikes*, polemizações e escandalizações – tornam-se instrumentos privilegiados de perseguição.

Até mesmo as grandes perseguições, aquelas do plano geopolítico, tomam novas modulações com o pós-fordismo. No século XX, as estratégias do imperialismo se faziam mediante a majoração da perseguição violenta: a guerra foi seu instrumento privilegiado. Contra o interesse estrangeiro ou de frações políticas divergentes no plano interno, a perseguição resultou em violências abertas, golpes, ditaduras, bloqueios. Já no século XXI, os recursos guerreiros tomam outra inflexão: a guerra passa a ser ainda mais solidamente sustentada em imagem, reputação, controle ideológico das massas internas e externas. Guerras por procuração (*proxy wars*), "primaveras" que insuflam por redes sociais grandes grupos sociais contra seus próprios governantes ou interesses nacionais, cruzadas moralistas (combates às drogas, à corrupção, aos infiéis, aos desregrados no comportamento) fazem com que a perseguição capitalista, no pós-fordismo, ganhe outros patamares. Ela se dilui, espraia-se, alcança mais massivamente seus objetivos. Alicerçada mais decisivamente no controle das opiniões do que na força bruta, a perseguição pós-fordista abomina a violência da guerra, por considerá-la incivilizada, mas orgulha-se da mentira, da fofoca e do controle moral.

Cada regime de acumulação interno ao capitalismo possui tanto modos próprios de regulação quanto modos privilegiados ou majoritários de perseguição. A violência e a guerra, instrumentos primários de combate a outrem majorados pelo fordismo – grandes guerras mundiais, fascismos, guerras frias –, passam a ser desprivilegiados em face de mecanismos mais aptos e mais aderentes à reprodução social atual, pós-fordista – controle ideológico massivo em favor do capitalismo, do liberalismo, das privatizações e do regressismo político, social e cultural. A ideologia da força é suplantada pela força da ideologia.

## 2.3 Cancelamento e pós-fordismo

O regime de acumulação e o modo de regulação do pós-fordismo têm, no cancelamento, uma forma excelente de gerenciamento da disputa social, criando instituições econômicas e acumulação mediante destruição de reputações. A disputa aberta que gerava violências, como as de guerras, se transforma, no pós-fordismo, em dispositivos individuais, empresariais e governamentais cada vez mais universais de padronização jurídica liberal. Mercados se integram, regulações institucionais se uniformizam mediante a *common law* estadunidense; estabelecem-se parâmetros gerais de segurança jurídica para a propriedade e os contratos. Com isso, a violência aberta dos interesses de acumulação e de primazia cede lugar a instrumentos de sobrepujança velada. O cancelamento de indivíduos, marcas, empresas, movimentos sociais, partidos políticos, povos e países passa a ganhar tônica.

No caso das primaveras árabes, governantes caem por conta de rápidos e irrefreáveis movimentos de massa. Justificativas ideológicas abundam – combate a ditaduras –; critérios caprichosos de seletividade também abundam – outras ditaduras mantêm-se intactas. Via de regra, as massas são levadas a derrubar ditadores desafinados com o imperialismo. Também ferramentas de perseguição conhecidas por *lawfare* ganham corpo – o combate à corrupção é uma de suas bandeiras principais. Aqui, do mesmo modo, a sensibilização ideológica é direcionada – seus alvos são corrupções de governos, partidos ou líderes políticos de esquerda ou nacionalistas. A danação de partidos de esquerda – como o Partido dos Trabalhadores (PT) no Brasil – também segue a mesma lógica. O cancelamento massivo pode também estar atrelado às guerras tradicionais. O caso da guerra da Rússia contra a Ucrânia gera reações de mobilização social pelo isolamento daquele país. Trata-se de um grau ainda mais espraiado do que o do bloqueio individual ou comercial: é também uma danação político-ideológica, espraiando reações de perfil macartista.

Neste sentido, não há nada de substancialmente novo no cancelamento pós-fordista em face das perseguições anteriores, fordistas: o capitalismo sempre se valeu de estratégias de penetração ideológica nas massas a fim de mobilizá-las em seu interesse. A ameaça do comunismo, dos judeus, dos negros, dos homossexuais, das feministas, da depravação dos costumes etc., tudo isso é reiterado. No capitalismo pós-fordista, no entanto, seus padrões se tornam muito rapidamente mundiais, alijando possibilidades críticas. O liberalismo capitalista, desde os anos 1980, impõe por todo o mundo uma plataforma privatizante, financista, liberal nos costumes e sustentadora de políticas mediante o terceiro setor – organizações não-governamentais (ONGs). O reacionarismo capitalista, também do mesmo modo desde os anos 1980, já com Ronald Reagan nos EUA, sustenta em comum com os liberais a plataforma privatizante, financista, e, em divergência dela, o conservadorismo e o regressismo nos costumes e graus abertos de violência individual e social.

Esses dois padrões, por meio da padronização da regulação econômica em escala mundial e das tecnologias de conexão ideológica em plano global, como a internet e as redes sociais, ensejaram duas sensibilizações basais na política e na intersubjetividade em boa parte do mundo. O padrão bipolar democrata/republicano polarizou a política das sociedades tradicionalmente capitalistas, nelas afastando possibilidades nacionalistas, desenvolvimentistas e socialistas, impondo subjetivações ideológicas ou liberais ou reacionárias.

A partir desse quadro, as perseguições do pós-fordismo se perfazem em âmbito mundial por meio de duas forjas: o cancelamento liberal ou o cancelamento reacionário. Em ambos os casos, há alijamento de terceiros e fortalecimento de convicções internas dos canceladores. No cancelamento liberal, indivíduos se fortalecem pela racionalidade dita iluminista que assenta nos contratos e na juridicização a base da política e das relações intersubjetivas consideradas legítimas. No cancelamento reacionário, grupos se fortalecem pelas coesões pretensamente tradicionais: família, raça, nação, religião.

Como o liberalismo e o reacionarismo são duas manifestações da própria reprodução social capitalista, portam ambas as mesmas contradições e os mesmos limites do modo de produção, que no pós-fordismo assenta sua acumulação na própria crise estrutural. O liberalismo não toca nas questões básicas da exploração, propondo, antes, paliativos de integração: representatividade dentro das empresas e do sistema político, econômico e ideológico; protocolos comportamentais; repressão aos indivíduos divergentes; reparações com foco, lastreadas em políticas públicas direcionadas a grupos e identidades em específico, em distinção das políticas públicas generalistas do fordismo. O reacionarismo também não toca nas questões básicas da exploração, propondo, de modo mistificador, falsas resoluções: nacionalismo retórico; purificação moral e religiosa; coesões grupais.

Por todas suas margens, o capitalismo contemporâneo, assentado em crise estrutural, avança no sentido da destruição de outrem como forma de acumulação. O avanço da financeirização e da especulação faz par com formas de espoliação advindas do cancelamento. No plano político, seus impactos são patentes. Danar moralmente e afastar os governos do PT no Brasil permitiu aos reacionários espoliar algumas estatais ainda restantes após o longo ciclo de privatização promovido anteriormente pelos liberais. Cancelar países e governantes ensejou manter, à força e sob ameaça, vários Estados capitalistas sob a órbita dos EUA e/ou da Organização do Tratado do Atlântico Norte (Otan), impedindo outras formas de integração econômica, como a dos BRICS. O banimento político da Rússia possibilitou o enfraquecimento da Alemanha e de outras economias europeias e a espoliação dos seus espaços tradicionais de acumulação por outras potências, aumentando a ascendência política estadunidense sobre a Europa.

O cancelamento é também um movimento no plano empresarial em sentido estrito. A economia capitalista acumula, historicamente, mecanismos de destruição da concorrência e reforço das posições empresariais majoritárias; a tendência ao monopólio, aos oligopólios ou à formação de grandes conglomerados é constante. Dispositivos tradicionais de guerra empresarial são reforçados, nas décadas de pós-fordismo, com campanhas de moralização de imagem corporativa. Desde mensurações de padrões de qualidade, como normas ISO, a movimentos ESG, que tratam de práticas ambientais, sociais e de governança ditas sustentáveis, certificações ideológicas embalam a imagem empresarial e fornecem combustível ao consumo, à prestação de serviços e à acumulação.

Ações de cancelamento alcançam, com tais padrões liberais de reputada moralização empresarial, importante peso estratégico nas disputas concorrenciais. A reputação de proprietários, sócios, diretores e funcionários das empresas passa a ser decisiva na disposição geral ao consumo de marcas e nas próprias possibilidades de circulação econômica. Protocolos cada vez maiores de conformidade a normas e posturas éticas (*compliance*) se impõem a setores de recursos humanos, cuidando da seleção e contratação de trabalhadores, e também a conselhos de administração ou supervisão de sociedades empresariais. Tais protocolos ainda padronizam as formas das relações intersubjetivas. O cancelamento, assim, interpela práticas, discursos e imagens empresariais. Se, de um lado, abre contraditórios espaços de responsabilização e inclusão social e individual de perfil liberal, de outro, o cancelamento serve de importante arma de disputa intra e interempresarial. E esses mesmos dispositivos canceladores no campo empresarial se aplicam, também, a outras esferas corporativas, como governos e demais instituições, a exemplo das universidades.

E, em especial, o cancelamento se torna prática reiterada quando alcança a esfera da subjetividade e seu raio de alcance imediato, as relações intersubjetivas. Aqui ganha musculatura suficiente para sua naturalização e sua generalização ideológica. A tendência capitalista à relativa atomização social passa a ter, no pós-fordismo, novos patamares. Modalidades produtivas com menor coesão na convivência – a ocorrência menos frequente de grandes plantas industriais e a maior fragmentação dos vínculos de trabalho na prestação de serviços, chegando até mesmo ao trabalho remoto – levam ao enfraquecimento de formas coletivas de ação social, como as dos sindicatos e partidos políticos. Em troca, ganham ainda mais sobrepujança movimentos de massas que conquistem individualidades e as façam ser, por interesse próprio, motor e vetor de práticas e interpretações de mundo. O indivíduo passa a ser cada vez mais o átomo privilegiado da reprodução da exploração, do domínio, da opressão e da perseguição.

Dinâmicas de lutas sociais como as do feminismo, do antirracismo, do combate à homofobia, a variadas outras formas de preconceito e contra a segregação de grupos vulneráveis deixam de ser engendradas como mecanismos de transformação geral do mundo para serem tidas como arena de disputa e inserção de individualidades e grupos no próprio sistema já dado. Assim sendo, declinam lutas de padrão revolucionário em favor de uma massificação de horizontes de compreensão e práticas liberais. O cancelamento então se revela como fórmula privilegiada da expressão da luta subjetiva conforme os termos do liberalismo.

Com o pós-fordismo, acentuam-se percepções e compreensões de que as dinâmicas de opressão e dominação se sentem e se fazem mediante vínculos intersubjetivos básicos, sem maiores intermediações de dimensões como as das formas sociais de exploração e das estruturas gerais de coerção econômicas, políticas e ideológicas. O indivíduo e sua esfera relacional imediata passam a ser o âmbito a ser palmilhado na disputa social. O combate ao patriarcado se formula, daí, como combate às práticas machistas intersubjetivas localizadas e identificadas. A luta antirracista toma como palco principal o combate ao racismo relacional, o mesmo com demandas LGBTQIAPN+, de povos originários etc. Essa luta que erige a intersubjetividade em palco principal da ação se espraia do mesmo modo nos espaços institucionais já consolidados: trata-se de se fazer representar neles, não de superá-los. Assim sendo, a ação social se consubstancia privilegiadamente em exemplaridades individuais no todo já dado ou em disputas das intersubjetividades. Representatividade e reparação são seus horizontes instrumentais.

A ênfase em ações individuais na luta social não apaga de todo os movimentos de massa. Antes, imiscuem-se nesses e os transformam, ampliando e reelaborando suas pautas. Com isso, de um lado, se enriquecem frentes de luta transformadora; de outro, matizam-se os focos do que se engendra como transformação. Cada vez mais a ação de luta é pensada em termos de representação, proteção, exemplaridade e punição a partir das formas liberais já dadas do capitalismo, e menos em revolução da própria sociabilidade.

O capitalismo pós-fordista consolida sociedades economicamente estruturadas a partir de serviços e consumo de indivíduos tendencialmente mais fragmentados em seus vínculos gerais, ao mesmo tempo em que os unifica e os generaliza de modo agudo com padrões ideológicos controlados por internet, aplicativos de informática e redes sociais, estabelecendo ampla rede de domínio social a partir de interpelações aos próprios indivíduos. Plataformas tecnológicas e algoritmos tanto atomizam quanto pasteurizam e totalizam o controle social a benefício da exploração e da acumulação.

Em sociedades de fragmentação dos vínculos de coesão tradicionais e de estabelecimento de novas coesões a partir de ilusões de autonomia e liberdade, o cancelamento se torna instrumento excelente da competitividade intersubjetiva e da tessitura de redes de manifestação de ódio, raiva, inveja, ressentimento, frustração, fracasso ou desalento social e existencial. A destruição alheia – especialmente sua imagem, reputação e meios – gera tanto gozo a partir de pulsões básicas de morte direcionadas a outrem quanto ganhos efetivos na concorrência por cargos, vagas, distinção e prestígio. No limite, também se abre uma estratégia de gozo e acumulação ao se declarar vítima da ação nefasta de terceiros. Angariam-se pretensas solidariedades e apoios sociais, permitindo expandir ou acumular circuitos de afeto e projeção pública.

Ações individuais de cancelamento encontram acoplamento funcional com o regime de acumulação e o modo de regulação do pós-fordismo. Danar a outrem é prevalecer, eventualmente no recôndito da satisfação pulsional subjetiva, ou eventualmente na própria dinâmica da concorrência por recursos, vagas ou distinções. Para uma sociabilidade calcada na crise do capitalismo, sem que se deixem antever de pronto perspectivas de transformação revolucionária, o cancelamento se torna um dispositivo imediato à disposição de todos contra todos. Enlaçando-se suficientemente com o espírito do tempo neoliberal, propício à redução dos problemas aos âmbitos do indivíduo, e consubstanciando-se em ferramentas legitimadas socialmente, o cancelamento passa a ser um mecanismo relacional básico e à disposição para a economia do indivíduo no capitalismo pós-fordista.

## 2.4 A economia interna do cancelamento

Não há, no capitalismo, causas, mobilizações e bandeiras éticas e valorativas que não gerem uma economia em seu entorno. Na sociedade da mercadoria, as oportunidades criam negócios. O cancelamento, ao se impor como prática social aceita e legitimada, permite a partir daí a criação e a institucionalização de empresas, organizações, cargos, empregos e serviços em torno dos pleitos morais dos quais é ferramenta. O cancelamento é, ele próprio, uma economia. Insere-se na lógica do capitalismo contemporâneo gerando instituições e permitindo acumulação e lucro mediante perseguições e destruição de reputações.

A transformação de um movimento de lutas e de propostas axiológicas em negócio se faz em rápidas curvas de aprendizado e oportunidade. Se há a possibilidade de lucrar em torno de causas consideradas legítimas, então tal ocasião de acumulação tende a ser aproveitada, dadas as leis e a dinâmica do capitalismo. Impondo-se como um padrão social, o cancelamento gera de modo quase automático uma economia em seu âmbito. Se a marcha dessa economia arrefece ou é contestada, então ela própria tende a se reafirmar e a reforçar seu mercado, reiterando a ideologia que a sustenta e, ainda, coagindo movimentos que lhe sejam contestatórios.

O cancelamento se sustenta em padrões de moralidade liberal amplamente aceitos na sociabilidade capitalista pós-fordista. Tais padrões morais despreocupam-se de – e frequentemente opõem-se a – lutas de transformação estrutural. Têm por espaço de atuação exatamente os âmbitos empresariais, políticos, institucionais e culturais. Sua meta é reformar o sistema já dado, reforçando-o, agora com inclusão e representatividade. Assim sendo, há uma pretensão de moralidade sustentando movimentos de melhoria do sistema. Por isso, condutas, comportamentos e horizontes ideológicos que lhes sejam divergentes são combatidos com força moral. O cancelamento é exatamente a manifestação de certezas axiológicas contra comportamentos aberrantes.

Ocorre que a divergência pode ser tanto abominável quanto ordinária, quanto, também, flagrantemente superior e crítica aos próprios padrões morais liberais. São aberrantes aquelas situações consideradas excrescências de dominação e opressão. Ordinários são os atos e situações sociais ainda não educados ou moralizados. Críticos e superiores são os movimentos que vão para além da moralidade liberal: lutas pela superação da exploração capitalista, atrelamento das lutas de gênero, raça, orientação afetiva e de outros movimentos à revolução. Pela dificuldade incontornável em fazer frente à crítica ao capitalismo, dado que se sustentam materialmente dessa reprodução econômica, os movimentos liberais, então, tendem a deslocar as divergências sempre ao campo mais fácil, a redução à oposição moral X imoral. Somente assim se sustenta uma economia do cancelamento: fazendo com que todas as divergências comportamentais ou situacionais e as críticas sejam rebaixadas à acepção de desvirtude.

Uma sexualidade liberta e contestatória dos padrões capitalistas liberais passa a ser reduzida a uma sexualidade abusiva para que o próprio movimento econômico do cancelamento se sustente sem obstáculos. Lutas socialistas passam a ser consideradas utópicas, e, portanto, inimigas de interesses concretos, porque prejudicam estratégias de inserção empresarial e institucional, que não podem ser contestatórias ao sistema. Para que a economia capitalista do cancelamento se afirme e mantenha sua dinâmica, é preciso deslocar a crítica para o campo da oposição moral. Sendo o liberalismo, suas práticas e protocolos sempre o "bem", lutas radicais e mais plenas serão então confundidas com as práticas e situações indesejáveis, impossibilitando o contraste à economia autorreferente do cancelamento.

Tal processo se desenvolve exatamente porque, em seu substrato político e ideológico, dá-se uma tendência ao esvaziamento das decisões políticas maiúsculas e à limitação dos poderes públicos e sua substituição por ONGs, organizações não-governamentais. Com o pós-fordismo, os estados nacionais sofrem ataques decisivos, que lhes retiram poderes e forças materiais. As privatizações são seu movimento mais destacado. O abandono das pretensões ao bem-estar social e a regulação social pela aberta repressão penal são outras de suas faces. A partir das décadas finais do século XX, as ONGs tomam vulto e passam a gerenciar vastos âmbitos sociais antes estatais. Sua legitimidade é parelha com a do neoliberalismo.

Uma economia do cancelamento se abre, então, a partir de movimentos estruturais da própria economia capitalista. O pós-fordismo altera as funções típicas dos estados nacionais. O que se considera terceiro setor, nem público nem privado, erige-se como atividade considerada legítima, fantasiosamente tida até mesmo por mais avançada do que a estatal, porque plural e flexível. Tal economia do cancelamento, lastreada em ONGs e representações institucionais, em poucas décadas se arraiga e ganha tração própria, buscando manter nichos de ação e de oportunidade já consolidados e buscando destruir oposições, sejam reacionárias, ou, principalmente, verdadeiramente transformadoras.

Com isso, o cancelamento se institucionaliza social e economicamente. Passa a depender do avivamento ideológico de suas bases e métricas morais liberais para poder sustentar uma gama de atividades lucrativas, consultorias, pesquisas, publicações, aulas, eventos, entrevistas, viagens, festas e distinções sociais de suas ONGs e/ou de suas figuras líderes ou exemplares. De empregos a bolsas, de cargos públicos a honras, instala-se um pleno setor econômico que demanda manter e defender seus próprios interesses. Por conseguinte, suas instituições não apenas se produzem, mas buscam se reproduzir. A economia do cancelamento, então, é também a indústria do cancelamento, no sentido da fabricação de coerções e oportunidades a partir da concreção de balizas ideológicas e sociais que lhe sirvam de esteio.

Tal movimento não é uma excrescência de pleitos legítimos que por fim se cambiam em imoralidade. A economia do cancelamento, para mais além que uma desvirtuação moral, é uma tendência material das formas sociais dadas. Toda oportunidade econômica, no capitalismo, uma vez assentada, tende à reiteração e, portanto, à sua industrialização, no sentido de garantia de acumulação. O exemplo mais marcante é no campo penal. Com o pós-fordismo, as prisões passam a ser privatizadas. No mesmo tempo e por conta dos mesmos fenômenos de base, explodem movimentos de repressão e de criminalização, levando a dramáticos aumentos de populações carcerárias. As empresas prisionais reforçam sua demanda, constituindo então uma indústria específica da economia do crime.

O mesmo se dá com o cancelamento. Assentando-se institucionalmente no seio do capitalismo, constitui uma economia interna que busca se sustentar e reproduzir sua pujança de renda, lucro, acumulação e distinção. O cancelamento se torna economia quando suas instituições e agentes, além de se ocuparem das lutas e causas que os movem, ocupam-se também da materialidade de sua reprodução enquanto instituições e agentes da dinâmica da acumulação, do lucro e da circulação.

No quadro geral do capitalismo contemporâneo, consolida-se então uma forma de gerenciamento da disputa social que cria instituições econômicas e acumulação mediante destruição de reputações. Tendo por base causas consideradas legítimas, empreende-se um maquinário contínuo e autocentrado de flagelo social, institucional e individual.

# CAPÍTULO III

# A POLÍTICA DO CANCELAMENTO

## 3.1 A produção política do cancelamento

Todo sistema de punição não apenas sanciona alvos, mas sim produz seus sujeitados. Não há escravos; há escravizados, porque não há subordinados de *per se*; eles o são a partir de relações sociais específicas. Do mesmo modo, o cancelamento não encontra cancelados que por natureza assim o sejam; produ-los.

Processos de assujeitamento são tanto formas de construção de poder quanto de controle ideológico, porque, além de subjugar, consolidam a naturalização dessa condição. Ao se produzir um dominado, produz-se um dominante, e tal vínculo revela o poder: verticalidade, hierarquia, imposição, aproveitamento. Relações de poder podem ser pontuais, isoladas, circunscritas. No entanto, para se sustentarem e ganharem constância, demandam naturalização de suas bases e seus termos. Será então a ideologia a operadora dessa fundamentação valorativa, afetiva, intelectiva e cognitiva. Ao se tornar ideologicamente natural a submissão, produz-se um assujeitado perene: o sujeito.

No capitalismo, a produção política dos sujeitos canceláveis e cancelados quase sempre se faz a partir da ideologia assentada, mas, principalmente, vale-se das balizas da forma jurídica. Os marcos da juridicidade costumam ser sua referência maior. Tipos penais são previstos normativamente pelos Estados contemporâneos; as infrações criminais ensejam, então, clamores punitivos. Alguém incidindo nesses tipos penais, cancelam-no. Há, no entanto, casos de cancelamento que não advêm de comportamentos ditos antijurídicos. A produção política dos sujeitos cancelados, nessas situações, tem base unicamente ideológica: a transgressão a valores assentados e confirmados grupal ou socialmente.

Com mais frequência, consideram-se comportamentos canceláveis aqueles também tidos por crimes ou contravenções no campo penal. As legislações contemporâneas avançam para estipular muitas situações como tipos criminalizáveis, a exemplo das práticas racistas, homofóbicas, das violências de gênero ou outras discriminações. Nestes casos, o sujeito cancelado é também o sujeito ativo de crime ou crimes, conforme a legislação penal vigente. Dá-se, então, uma espécie de naturalização do cancelamento pelas chancelas jurídica e estatal: o criminoso é abominável porque seu ato é ofensivo ao Direito e à ordem pública.

Contudo, há casos nos quais o Direito e o Estado são indiferentes ao comportamento cancelável, mas os valores sociais, a cultura ou as moralidades religiosas o condenam. Então, aqui, produz-se um sujeito cancelado por razões ideológicas. Não é de menos importância ou peso o cancelamento sem lastro jurídico. Muitas vezes, crimes complexos ou menos frequentes passam despercebidos pela população – seus perpetradores não são cancelados – e situações extrajurídicas ou até legítimas juridicamente têm vultoso apelo moral – seus sujeitos são cancelados ainda que não criminalizados.

Em casos nos quais as tipificações jurídicas de crime, as persecuções estatais e também a sanção moral social se somam, estabelece-se então expressiva mobilização canceladora contra seus alvos. Dá-se, nessas situações, a junção de tipificação penal com motivação ideológica, o que pavimenta o impulso e a propagação do cancelamento. Programas policiais de televisão, frequentes em sociedades capitalistas contemporâneas, permitem perceber a força do combate social a sujeitos alvo tanto da criminalização quanto do opróbrio ideológico.

Em sociedades pré-capitalistas, a produção dos sujeitos perseguidos advinha das formas relacionais que lhes fossem coercitivas. Sociedades senhoriais tenderam a perseguir os contrastantes com a vontade dos senhores. Em tempos de domínio religioso – Idades Média e Moderna –, a produção dos assujeitados perseguidos era proveniente dos poderes e das discricionariedades de figuras institucionais como a dos inquisidores. Nestes casos, a segregação social somava clamores ideológicos com tipificações religiosas que impunham o combate a ações tidas por pecaminosas. No capitalismo, a combinação entre crime e sanção ideológica assujeita tanto ao poder estatal quanto ao poder moral social, tornando os sujeitos de direito ao mesmo tempo criminosos e desgraçados. Produz-se assim, então, o sujeito cancelado.

## 3.2 Objetos de cancelamento

As temáticas ensejadoras de perseguições são variáveis historicamente. Desde oposição à ordem até bruxaria, o conjunto de assuntos que engendram sujeitos passíveis de persecução apresenta múltiplas formas. No entanto, no capitalismo contemporâneo, pós-fordista, as perseguições que tomam o perfil de cancelamento guardam uma unidade substancial em seu mérito. Estabelecidos padrões éticos e morais de civilidade liberal, sujeitos canceláveis serão aqueles que destoam de tais métricas.

Não se cancelam pessoas que não lutam pela superação do capitalismo. Não ser socialista não é parâmetro para ser abominado. Não se cancelam pessoas que não propugnem a revolução nem o fim da exploração. O cancelamento tem como substrato objetos politicamente consolidados na ideologia liberal do pós-fordismo, desde os anos 1980. Assim, seus alvos temáticos são comportamentos individuais, grupais ou institucionais contra indivíduos ou grupos sociais específicos. Os assuntos motivadores do cancelamento são aqueles aderentes a uma reforma comportamental moral individual. Racismo, sexismo, machismo, homofobia, transfobia, xenofobia são algumas de suas temáticas centrais.

Tais objetos têm materialidade e alcançaram grau de parâmetro civilizacional a partir de lutas contra dominações e opressões sociais estruturais. Não são temáticas ilusórias nem tampouco desprovidas de concretude. A base da sociabilidade capitalista é forjada em racismo, patriarcalismo, homofobia e xenofobia, dentre outras hierarquizações sociais. O combate às situações de domínio e opressão advém de históricas batalhas que resultaram, nos anos de pós-fordismo, no parcial acolhimento ideológico de suas demandas e pautas pela ambiência acadêmica, política, jurídica, institucional, midiática e empresarial de países capitalistas chamados genericamente por "ocidentais". Na sociedade capitalista mais central do imperialismo, os EUA, tais lutas alcançaram a sensibilização de parcelas liberais ditas progressistas, geralmente em torno do Partido Democrata, espalhando-se também como padrão por outros países.

Os objetos considerados de conquista civilizacional contemporânea advêm de lutas históricas e de enfrentamentos acerbos de contradições sociais, mas tomam quase sempre forma liberal em sua configuração, expressão e resolução. O modo de tratamento de tais temas não reconhece racismo, patriarcalismo, homofobia e xenofobia como formas do capital a ponto de daí derivar necessária luta pela superação da exploração capitalista e de todas as dominações e opressões que lhe são estruturais. Busca-se, antes, reformar as instituições já dadas e as condutas intersubjetivas. Assim, as temáticas morais assentadas pelo liberalismo progressista são aquelas que deságuam em problemas circunstanciados à relação entre indivíduos e em resoluções também no âmbito individual ou das instituições já existentes. Erros comportamentais são seu tipo-alvo de interpelação;

exigências de moralizações, punições ou pleitos por políticas públicas, suas ferramentas frequentes de resolução.

A fixação dos objetos políticos do cancelamento em torno de erros ou vícios comportamentais faz com que o movimento de cancelar não seja contra o sistema econômico e político, servindo até mesmo como uma de suas facetas possíveis. O cancelamento não avança para a crítica ao modo de produção; atém-se aos comportamentos tidos por não civilizados dentro dos marcos do capitalismo. Ao mesmo tempo, investe grande energia mobilizadora para as atividades de repressão. O que é objeto de abominação segundo as lutas, a racionalidade e a sensibilidade liberal pós-fordista interpela, daí, os indivíduos a um comportamento massivo de combate repressor, buscando reiterar bons padrões morais e marcando e reforçando estigmas nos sujeitos cancelados.

Produz-se então um cancelado mediante a constituição de um âmbito politicamente assentado de ideologia liberal em grandes parcelas da sociedade. A partir de uma sensibilização que se reputa progressista e conquistadora de avanços civilizacionais, impõe-se a danação dos resistentes, mal-educados, iletrados ou desregrados em face desses avanços. O cancelado é aquele que atenta contra um sistema de lutas e de vitórias morais, políticas, jurídicas, institucionais e empresariais. Daí, a manutenção dessa ideologia vitoriosa é fundamental para retroalimentar e reiterar as próprias crenças motivadoras do cancelamento e sua economia.

A sustentação dos temas, objetos e matérias do cancelamento se faz mediante a dinâmica política e social do neoliberalismo. Onde as instituições neoliberais se impõem, onde suas formas de relação social são mais frequentes – classes médias e altas, universidades e ambiências intelectuais, empresas de perfil multinacional ou dependentes de sua imagem, artistas, meios de comunicação de massa –, há uma afirmação ideológica que carreia a exigência de protocolos comportamentais ditos progressistas. Nos EUA, ambientes mais urbanos e mais plurais – norte da costa leste e sul da costa oeste

– frequentemente se apresentam como liberais, vinculados ao Partido Democrata e mais propensos ao cancelamento dos divergentes a seus padrões.

No entanto, modos de vivência capitalista que sejam mais tradicionais ou estejam à margem da lucratividade neoliberal mantêm ou reelaboram outras valorações e ideologias. Também nos EUA, tais outros padrões são costumeiramente vistos nas vastas regiões interioranas, mais tendentes ao conservadorismo e ao Partido Republicano. Suas moralidades forjam coesões sociais muitas vezes de tipo reacionário, no que divergem substancialmente daquelas dos liberais. No entanto, são também defensoras do capitalismo, e aqui se igualam aos liberais. Agem nos mesmos contextos de reprodução social e acumulação. Por isso, os espaços ideológicos e as relações intersubjetivas tradicionalistas, conservadoras ou reacionárias constituem âmbitos materialmente suficientes para do mesmo modo assentarem práticas canceladoras, apenas tendo por objeto, geralmente, uma espécie de imagem em negativo daquela dos liberais.

A política dos assuntos – objetos – passíveis de cancelamento é originalmente neoliberal. Foram as lutas e as conquistas políticas, institucionais, educacionais e empresariais de perfil liberal que permitiram jactar supremacia de valores impulsionadores da dinâmica do cancelamento como prática legitimada e suficiente em seus próprios termos. A origem e a prevalência do cancelamento a partir do temário liberal não permitem inferir, no entanto, que um uso conservador/reacionário do dispositivo também não venha a se apresentar sistematicamente.

### 3.3 Forma do cancelamento

No campo da forma está a mais decisiva distinção do cancelamento em face de outras manifestações históricas de perseguição: por se fundar em razões morais, não apenas estratégicas, o cancelamento opera a forma da conexão direta entre acusação e danação. O cancelamento se pretende superior às perseguições ilegais, pois uma ilegalidade opera afrontando a moral, faltando-lhe respaldo social. E a legitimação do cancelamento também se pretende superior às próprias perseguições jurídicas: o Direito opera em trâmites que demandam prova, imparcialidade do julgador, presunção de inocência do acusado e direito de defesa. Cancelar é angariar respaldo social imediato suficiente para a danação. O cancelamento se sente mais legitimado socialmente que o próprio Direito.

A operação política do cancelamento altera a forma da perseguição. Dá-se a presunção de veracidade da narrativa da pessoa que se apresenta como vítima. Com isso, suspendem-se as garantias de ampla defesa e devido processo legal. A pessoa acusada então já está danada por conta da acusação lançada. E, ao mesmo tempo, tais procedimentos canceladores, que poderiam ser tomados por bárbaros, flagrantemente ilegais, na verdade investem-se de legitimação social. Não são considerados nem barbaridade nem ilegalidade, mas imposição de uma moralidade tida por universal, conquista civilizacional, contra práticas atentatórias ao padrão moral alcançado por justas lutas.

O cancelamento opera nem se escondendo, como as perseguições ilegais, nem devendo buscar aparências de devido processo legal e ampla defesa, como seria o caso dos processos e procedimentos jurídicos e judiciais. Ao contrário, liga diretamente acusação a danação, sem instrumentação de provas ou presunção de inocência, e se jacta disso. Tal garbo se deve à sua moralidade fundante, e dela se extrai o ímpeto e a pretensa legitimidade de seus ímpetos ilegais revestidos de legalidade própria.

As práticas de cancelamento são advindas de lutas de grupos sociais historicamente vulneráveis. Suas constatações das dominações e opressões estruturais são verídicas, suas demandas são concretas e seus reclames, necessários. No entanto, não se orientam à transformação da sociabilidade que dá causa a tais regimes de poder, mas, sim, a uma moralização exemplar, casualística, que toma sujeitos e situações específicas como sínteses de totalidades sociais complexas.

Assim sendo, o reconhecimento de domínios e opressões históricos investiria legitimidade a ações de danação exemplares. Sua pretensão é tanto de romper com um padrão já dado quanto de educar a fim de que condutas intersubjetivas vindouras aprendam mediante o custo social imposto aos que incidiram em tais práticas e foram cancelados.

Devido ao fato de que as constatações diagnosticais são verdadeiras, dá-se uma espécie de tranco forçado de prognóstico e de cura do problema, impondo os padrões liberais como forma política de tratamento. Da inferência das constâncias históricas e das práticas estruturais de sujeição, nem se derivam necessariamente a diagnose de relatos específicos como sendo verdadeiros nem tampouco se extraem condenações imediatas canceladoras como soluções consequentes aos problemas reais inferidos. O encurtamento entre narrativa e danação se pretende legitimado pelo diagnóstico via de regra correto e pela limitação de horizontes da sociedade capitalista pós-fordista, que vê no liberalismo a chave de resolução de problemas sociais: a correção moral e consciencial do indivíduo seria a forma por excelência de melhoria social.

A forma política do cancelamento guarda lembrança, então, principalmente com uma forma institucional de perseguição do passado histórico: a Inquisição. Em diferença de outras formas de sujeição em razão de estratégias, ambas operam pela inflição por razão moral bastante. Com isso, conectam acusação imediatamente à danação. A subtração dos procedimentos da presunção de inocência, da ampla defesa e do devido processo legal só pode ser feita mediante duas formas: de um lado, a ilegalidade, o crime e o abuso de poder, mas estes são rejeitados socialmente; de outro, a sacralização dos fundamentos morais que lhe dão ensejo, tanto na inquisição quanto no cancelamento, e tal moralização se força a ser aceita socialmente.

Além disso, tanto quanto a inquisição se institucionalizou, o cancelamento assim também o faz. ONGs, espaços governamentais ou associações de acolhimento e plataformas de denúncia são instrumentos de apoio e de acusação que fundam suas práticas em sustentações morais. Desconfiar de seus procedimentos, ainda que em casos específicos, seria pôr em xeque a legitimidade de suas causas. Com isso, escudam-se na mesma legitimação de salvaguarda de poder feita pela própria Inquisição enquanto instituição político-religiosa. Pôr em dúvida as ações inquisitoriais é desconfiar da divindade que lhe inspira e preside os julgamentos; pôr em dúvida as ações canceladoras é desmerecer lutas históricas e dificuldades de vocalização de dores de sujeitos dominados e oprimidos, ou de entidades que se devotariam a tais causas.

As armadilhas, em ambos os casos, estão em seus fundamentos. A leitura de mundo teológica explica o poder corretivo pela vontade divina, gerando daí um abuso social pela forma da legitimação, religiosa. A atual leitura de mundo liberal explica seu poder corretivo tomando a individualidade como átomo social e a intersubjetividade como seu problema. Gera, daí, também um abuso social pela forma da legitimação, neste caso moralizadora do todo pela danação da conduta da parte. Políticas da teologia e do liberalismo portam contradição estrutural e inexorável.

Com a naturalização dos procedimentos de cancelamento, eles alcançam inclusive repercussão em mecanismos políticos e jurídicos, pretendendo reconfigurar padrões estatais e do Direito. A legitimação do cancelamento opera um *tour de force* nas bases processuais liberais iluministas, com a acusação das pronunciadas vítimas impondo imediata danação aos acusados. Esse movimento busca alcançar até mesmo os marcos do poder judiciário, promovendo o acolhimento de denúncias de reputadas vítimas sem maiores provas factuais, escorando-se no fato de que, historicamente, vítimas têm dificuldade em provar seus relatos.

Trata-se de um movimento lido como avançado, pós-iluminista, reputado como progressista, mas que contém um incontornável rescaldo regressista, fazendo com que os mecanismos desta fase mais recente do liberalismo se equivalham, sob modos distintos, a padrões reacionários. O neoliberalismo e o pós-fordismo são o substrato dessa exacerbação da moral e do flagelo sobre sujeitos como forma de purificação social mediante castigos individuais. Sua forma é nociva. Além de não operar na causa das próprias contradições contra as quais alega lutar, esgarça algumas das chaves de diferenciação progressista do iluminismo em face do absolutismo e da teologia inquisitorial.

Contrastando-se com o liberalismo iluminista, mas não querendo se apresentar como politicamente reacionário, o cancelamento então se sustenta numa espécie de hiperliberalismo, que é corolário de sua faceta do início do século XXI, neoliberal. O indivíduo como nucleação primeira do todo, ao tempo do iluminismo, implicava a sociedade como artificial, advinda de contrato, e o Estado como contrato político final para o arranjo social, o que levava a se tomar a liberdade como eterna vigilância institucional de respeito à estrita legalidade. O indivíduo como nucleação primeira do todo, no neoliberalismo, implica a sociedade como inimiga, o Estado como opositor a ser mantido, mas domado, a representação quantitativa na sociedade já dada como meta, e a correção moral direta dos demais indivíduos como alvo, o que leva à liberdade como suplantação institucional do respeito à estrita legalidade pelos indivíduos historicamente vulneráveis. O que poderia ser imediatamente lido como política regressista, pré-jurídica, é autoconsiderado pelos neoliberais como política pós-jurídica: para além das normas e procedimentos, princípios. Conforme desenvolvo em *Filosofia do Direito* (GEN-Atlas, 2024), trata-se não mais do juspositivismo estrito, mas de um juspositivismo "ético".

## 3.4 Progressismo, reacionarismo e cancelamento

O capitalismo pós-fordista consolidou os objetos temáticos do cancelamento como sendo aqueles advindos dos movimentos de afirmação de identidade de grupos de gênero, raça, orientação afetiva ou nacionalidade progressistas, dentre outros. As pautas energizadoras de movimentos canceladores são aquelas advindas dessas lutas, consagradas como conquistas civilizacionais liberais contemporâneas. Afastam-se tanto do liberalismo clássico em sua forma política – universalidade, liberdade de expressão, julgamento após apuração dos fatos – quanto dos reacionarismos em seus objetos políticos – conservadorismos ou regressões comportamentais. Principalmente, afastam-se da junção crítica entre forma e conteúdos permitida somente pela transformação social revolucionária – o socialismo é-lhes um anátema.

Tais lutas consideradas legítimas ao pós-fordismo têm seu opositor mais recorrente no reacionarismo. O capitalismo contemporâneo, assentado na crise estrutural de sua reprodução, não consegue resolver o conflito social com políticas públicas, estratégias de representação de identidades ou correção moral de comportamentos. Mantido o conflito social, abre-se margem, então, a uma vasta gama de oposições de perfil conservador e regressista em face dos propalados ganhos civilizacionais liberais, cuja moralidade é associada frequentemente à própria ruína social causada pelo neoliberalismo, dado ser tomada como sua contraparte hipócrita ou representar um prêmio de consolação em face da destruição das condições econômicas das classes trabalhadoras.

Daí exsurge o reacionarismo pós-fordista, diretamente insuflado por mais uma crise estrutural do capitalismo. No entanto, a crise atual não é uma situação indesejada pela própria burguesia; ela é, antes de tudo, buscada. O regime de acumulação pós-fordista é de crise, sustentado em ainda mais expressiva financeirização. E, dada sua natureza, a economia capitalista atual não entrega ganhos sociais relevantes aos países submetidos ao neoliberalismo. Com isso, vastos grupos sociais se põem à margem das benesses do sistema econômico. As classes trabalhadoras dos países neoliberais regridem de condição social relativa desde os anos 1980. Nesse contexto, o progressismo cosmopolita das lutas de grupo e identidade acaba sendo popularmente associado aos movimentos de globalização, privatização, degradação das condições industriais e de rebaixamento do assalariado. Na ausência de uma maiúscula força transformadora socialista, as classes depauperadas reagem ao neoliberalismo; são conquistadas por movimentos e ideologias de perfil reacionário. Ocorre que, tanto quanto os neoliberais, também a extrema-direita mistifica a solução do problema social, mas de outro modo: situa o erro na ausência ou perda de coesões tradicionais.

O reacionarismo do pós-fordismo passa também a reconfigurar identidades, pretendendo construí-las grupalmente. Coesões como nação, crença, comunidade religiosa ou raça são alguns de seus dísticos. No caso da raça, isso se faz numa espécie de contramovimento nocivo e reacionário da luta antirracista progressista. No caso dos nacionalismos e das tradições religiosas, reivindicando fechamentos de fronteira, xenofobia ou intolerância a costumes e moralidades divergentes. Contra lutas de identidades de perfil liberal progressista, assentam-se então lutas de identidades de perfil reacionário. As primeiras tendem a se firmar como primados da liberdade e do arrojo individual, as segundas como marcos de resistência de velhos vínculos de coesão social.

Faz-se, com o reacionarismo, a recuperação de antigos elementos de força – ditaduras, fascismos, controle e aniquilamento de opiniões divergentes. A expansão de suas pautas se dá mediante bases religiosas, mas, também, pelo uso de grandes plataformas de redes sociais, cujos algoritmos beneficiam a extrema-direita. Mescla-os, no entanto, às possibilidades abertas pelos próprios dispositivos pós-fordistas neoliberais. Daí, num movimento de mimetização e aprendizado, o reacionarismo passa também a se valer das ferramentas liberais do cancelamento. Já procedia a antigas segregações e discriminações, como aquelas de perfil fascista. Mas começa a incorporar, *a posteriori*, os jargões e as estratégias de argumentação e legitimação das lutas progressistas neoliberais, direcionando-os contra seus próprios criadores.

Os âmbitos progressistas, ao insculpirem e legitimarem as políticas do liberalismo e da forma do cancelamento – resolução do problema social pela moral, pelo punitivismo e pela representação; conexão direta entre acusação e danação –, abrem margem à sua utilização pelos seus opositores regressistas. O reacionarismo também reclama uma moral, mas esta é via de regra tradicionalista, conservadora e de fumos religiosos. Passa, por mimese, a reivindicar representação – religiosos na política e nas nomeações a tribunais, pretensos direitos à maioria contra as minorias. E, em especial, também se valem das ferramentas de cancelamento contra os que têm práticas e postulações contrárias a seus princípios morais.

Quando reacionários tomam o poder nos governos de países capitalistas, atrelam poderes já aderentes – meios de comunicação, redes sociais, religiões – às novas possibilidades institucionais, fazendo a disputa das moralidades, das representações e dos cancelamentos ser grandemente desfavorável ao liberalismo progressista. O uso da forma política do particularismo das identidades e o reclame da sua representatividade é o exemplo mais patente do manejo, pela direita, dos instrumentais diretamente hauridos do neoliberalismo progressista, mas agora contra este mesmo.

Movimentos reacionários pleiteiam representatividade mediante duas estratégias concomitantes: representar-se institucionalmente de modo legítimo como grupos de direita, quando todos buscam se representar; e legitimar seus membros de pensamento reacionário nos espaços de representação dos grupos vulneráveis, em geral até então de postura progressista. No primeiro caso, busca-se representação institucional – bancadas de parlamentares religiosos, associações de defesa de interesses como armamento. Aqui, abrem-se nichos de representação ao lado daqueles já consolidados. No último caso, sujeitos divergentes buscam legitimidade de representação nos próprios espaços conquistados pelas lutas progressistas. Aqui, penetra-se nos próprios nichos já existentes. Afirmando-se como mulheres, negros, cidadãos LGBTQIAPN+ ou oriundos de povos originários, mas sendo de direita, passam a lutar contra pleitos históricos desses movimentos. Também se permitem usar dispositivos de cancelamento por se considerarem vocalizadores de padrões assentados de moral; no entanto, seu objeto de cancelamento é oposto ao dos liberais.

Ao cabo, nas sociedades capitalistas pós-fordistas, cujo regime de acumulação se planta na crise estrutural do sistema econômico, a fratura social não tem o dom de se resolver com as ferramentas liberais. O trinômio privatização, políticas públicas focalizadas e punitivismo/correção moral de comportamentos não resolve crises; ao contrário, amplia-as. Assim sendo, multidões são levadas às falsas promessas e falsos encantamentos ideológicos reacionários. O cada vez mais frequente empoderamento da extrema-direita pelo mundo, valendo-se das mesmas ferramentas da política da moral, da representação e da forma do cancelamento promovida pelos liberais, apenas em sentido contrário, gesta então a destruição das lutas de representação e correção moral progressista não só pelo embate de seus conteúdos, mas também pela utilização da mesma forma política gestada e legitimada pelos liberais.

O uso não mais estrito do Direito, mas agora principiológico, flexibilizando presunção de inocência e direito à ampla defesa, pode ser, enquanto forma, tanto em favor do neoliberalismo quanto do reacionarismo, bastando política e sociologicamente inferir quem tenha maioria ou mais poder. Não há qualquer garantia que, no capitalismo estruturalmente em crise da contemporaneidade, os marcos neoliberais progressistas sejam reivindicados como única ou mais civilizada métrica à ação social. Quando o poder em cada país se cambia à extrema-direita, a ruína institucional do neoliberalismo progressista é ampla.

O apelo reacionário à forma do cancelamento tem o condão de desmoronar as propaladas conquistas civilizacionais liberais valendo-se de suas próprias armas. Dá-se uma espécie de implosão procedimental-valorativa do liberalismo. Suas ferramentas contraditórias são usadas não mais de modo progressista. O reacionarismo liberta-se das supostas amarras liberais iluministas que o próprio neoliberalismo arruinou. Dentro do sistema capitalista, a reação passa a campear num movimento de oposições moral *versus* moral, representação *versus* representação, cancelamento *versus* cancelamento. Nesse jogo, sempre tutelado pelos poderes econômicos, políticos e militares, tende a ganhar a maioria, e ela, no capitalismo em crise, costuma ser reacionária.

Tudo isso evitando a única possibilidade de transformação estrutural e materialmente efetiva do mundo no tempo presente: a revolução socialista.

# CAPÍTULO IV

# A IDEOLOGIA DO CANCELAMENTO

## 4.1 Constituição ideológica do cancelamento

O conflito forja as relações do capitalismo e atravessa sua compreensão. Sociedades de exploração, dominações e opressões são estruturadas em contradições. No capitalismo, o estatuto dos antagonismos é múltiplo: advém inexoravelmente das relações de classe, mas também de gênero, raça, nacionalidade, crenças, cultura. Explorar presume dominar; a libertação da dominação só pode ser plena com a libertação da exploração. Enquanto houver sociabilidade da mercadoria e aproveitamento do trabalho assalariado por capitalistas, há acumulação, diferença econômica, hierarquização, verticalização de relações. Em havendo capitalismo, a exploração, os domínios e as opressões são-lhe inextrincáveis.

Poderes, prevalências e sujeições não são compreendidos imediatamente pelos sujeitos que tomam parte em tais relações. A exploração, o domínio e a opressão não são direta ou flagrantemente vistos como nocivos, porque os vínculos sociais advêm de padrões estruturais que contam com explicações, justificativas e naturalizações de suas causas. Esse campo é o da ideologia. Arcabouços de afetos, valores, intelecções e entendimentos são permanentemente formados, de tal sorte que aquilo que se vive não é uma mera experiência tal e qual. Explorar, dominar, oprimir e perseguir são relações reiteradamente dadas na conta de legitimações, como da natureza humana, da vontade da divindade, da justeza de que os fracos sejam governados pelos fortes, da hierarquia dos grupos sociais e de valores, moralidades e afecções praticados, reiterados, transmitidos por gerações e controlados por aparelhos institucionais: família, igreja, escola, meios de comunicação de massa etc.

Os aparelhos ideológicos são produtores de ideologia. Não apenas chancelam relações sociais já dadas, mas criam, impulsionam e reforçam seus padrões. Relações intersubjetivas estabelecem práticas que podem se reiterar e se tornar estruturais; os aparelhos ideológicos dão coerção a tais práticas, impondo-as e criando as condições para que novas relações sejam gestadas no mesmo padrão. Da família à escola e à religião, a ideologia bebe das práticas intersubjetivas, molda-as, impõe-nas e as reforça.

Em sociedades capitalistas, há dois níveis de ideologia: tanto o de práticas nucleares e estruturais quanto o de incidentais, contribuintes ocasionais para o conjunto da reprodução social, eventualmente apresentando-se até mesmo em contradição com esse todo. Pode-se chamar por Ideologia, em maiúscula, o núcleo inexorável de entendimento e visão de mundo, estruturante da sociabilidade. Por ideologia, em minúscula, têm-se as várias compreensões, os valores, os afetos e as intelecções parciais, variáveis ou mutáveis dentro do sistema social de um modo de produção. Dentro de um modo de produção, a Ideologia é sempre única, impositiva, inexorável. As ideologias são múltiplas, disputáveis, circunstanciáveis.

Por meio das proposições de Louis Althusser, considera-se o campo da Ideologia como aquele produzido por práticas sociais estruturais, constituído no inconsciente dos sujeitos dessa sociabilidade. Por sua vez, o que se chama vulgarmente por ideologias, mutáveis e variáveis, perfaz-se em âmbitos do consciente, da vontade, da (re) educação. O inconsciente, a sede da Ideologia, é pulsional, a-histórico para o próprio sujeito, incontornável. O consciente, a sede das ideologias, é argumentativo, histórico, disputável, educável, passível de letramentos.

Lutas sociais, todas elas, podem tocar tanto o inconsciente quanto o consciente, a Ideologia ou as ideologias. Quando investem contra as próprias condições de produção e reprodução estrutural, lidam com o inconsciente e a Ideologia. Quando tratam das disputas ou do manejo casualístico dentro do sistema, lidam com o consciente e as ideologias. As lutas de classes enfrentam as duplas dimensões. Quando abertamente postulam a superação do modo de produção capitalista, agem no nível do estruturante social; impõem, à Ideologia da mercadoria, a Ideologia do socialismo. Quando disputam benesses e distribuições dentro do sistema, operam no campo das ideologias: capitalismo liberal ou de bem-estar social, arrocho ou aumento salarial, diminuição ou ampliação de direitos trabalhistas e sociais. Movimentos revolucionários de classe tendem a confrontar a Ideologia; movimentos sindicais de classe tendem a disputar as ideologias.

O mesmo se dá no campo das variadas lutas sociais contra as dominações e opressões, algumas delas chamadas de lutas pelas identidades. Quando se confrontam domínios e opressões estruturalmente, abalando o cerne da relação entre economia e gênero, orientação afetiva, raça, etnia, nacionalidade ou crença, tende-se a lutas insubmissas às disponibilidades da sociabilidade da mercadoria. No entanto, quando se disputam recursos, benesses, direitos, punições, representações ou distinções, está-se no âmbito interno das instituições ou das formas sociais já dadas. Seus dispositivos de luta são pela reforma, pela melhoria ou pelo incremento na sociedade já estabelecida.

Movimentos de cancelamento se inscrevem, diretamente, nas lutas de manejo interno do sistema, mantendo-o conforme já dado, mas pretendendo melhorá-lo, educá-lo, requalificá-lo. O cancelamento age, então, no âmbito das ideologias, preservando a Ideologia do capital, das instituições políticas e sociais, das formas coercitivas gerais como mercadoria, valor, dinheiro, Estado e Direito. Lutar por distribuição ou reparação é fazer movimentos que não abalam a lei geral da acumulação. O cancelamento é reformista: legitima a sociedade e sua institucionalidade e busca então reparar ou educar para fazer representar nelas grupos ou indivíduos historicamente sub ou não representados, busca ter acesso a recursos monetários ou simbólicos, busca aperfeiçoar condutas intersubjetivas e, para isso, pretende corrigir exemplarmente situações ou pessoas cujos padrões ou condutas sejam tidos por abomináveis, não-desejáveis ou não-exemplares.

Sendo um movimento que opera nas ideologias, não na Ideologia, o cancelamento se vale, então, dos dispositivos do manejo consciencial e voluntário dos sujeitos. Conscientizar é sua meta. Verbos como educar, letrar, ensinar, aprender, desculpar-se, reparar, punir, pagar, são alguns de seus comandos básicos e reiterados. O cancelamento se movimenta no âmbito ideológico da moralidade e da consciência. O limite da intersubjetividade e a ação nas instituições já dadas são suas molduras básicas. Danar, punir, educar e purificar são os fluxos morais do cancelamento, na busca de fazer com que voluntariamente, por receio de queda em desgraça, os sujeitos e as instituições se reformem e melhorem.

A sociabilidade do capitalismo, no entanto, planta o fundamental de suas estruturas no inconsciente. Produção contínua do desejo e sustentação contínua da repressão são seus dínamos. Educa-se e moraliza-se o consciente; o desejo é produzido pelo inconsciente e sua dinâmica pulsional. No capitalismo, as ideologias são disputáveis como mercadorias, já a Ideologia é intocável. O cancelamento não opera na produção do desejo, mas na direta repressão. Sendo movimento com pretensões a frear o consciente, moldando a vontade e a moralidade, não alcança o fundamental da produção da exploração, das dominações e das opressões, porque tudo isso opera no desejo.

A Ideologia prossegue – e até mesmo prospera – com as disputas de reforma das ideologias.

## 4.2 Cancelamento e moralidade

Agindo no âmbito da conscientização e da punição, o cancelamento tem forma, dispositivos, práticas, legitimações, pretensões e alcances insculpidos como pretensão de moralidade. Apresenta-se como uma ferramenta de melhoria da sociedade pela danação das pessoas cujas condutas ou situações sejam consideradas nocivas. Presume uma baliza civilizacional pela qual contrastem-se certo e errado, desejável e indesejável nas relações sociais. Sua forma opera o julgamento de casos e pessoas, imputando-lhes opróbrio. Seus dispositivos são de sacralização da denúncia e de inexorável inferência de punição, como forma de reforço da moralidade. Suas práticas se impõem como modelo de ação social e de danação de divergentes. Legitima-se por corretas constatações de históricas dominações e opressões. Pretende danar como forma de punir, mas, principalmente, de exemplar a benefício da educação repressora de outrem. Tenciona a melhoria social pela presunção de necessária punição como seu modo de regulação privilegiado e, ainda, pela educação negativa como base *incontinenti* de uma educação positiva.

Assim sendo, o cancelamento se consubstancia inexoravelmente em moralidade, necessitando avivá-la, reiterá-la, escandalizá-la, afastá-la do campo da dúvida e conduzi-la à polaridade simplificadora de seus termos. O sustento da moralidade é condição ideológica básica do cancelamento: é preciso constituir o campo do correto para, por antinomia, demarcar o incorreto. Moral e imoral, bem e mal, adequado e inadequado, apropriado e inapropriado são balizas a serem erigidas para que se possa então cancelar. Fundar o âmbito da moral e do desejável é então delimitar o imoral e o indesejável. O cancelamento é um dispositivo produtor de moral, e essa produção de repressão é maquinal, industrial, massiva. Estabelecendo um regime de constituição e regulação social, o cancelamento transforma moralidade em moralismo.

No entanto, não basta apenas criar o campo da moralidade, constituí-lo e a partir dele demarcar seus infratores. É necessário reiterar seus termos. Trata-se não só da produção de uma situação ou da avaliação factual de moralidade, mas também da reprodução dessa moralidade. É preciso assentá-la, perenizá-la. Com isso, cria-se uma coesão social em torno de juízos e práticas que se repetem, de tal sorte que sujeitos de comportamentos desviantes se reprimam por conta da provável reprovação que se lhes incidirá. Ocupar-se vigilantemente de casos notórios, ou mesmo passíveis de interpretação, é reiterar que a existência de situações de tal perfil levará inexoravelmente à perseguição de cancelamento. Para tanto, também é necessário tornar típicos os modos de entender e relatar fatos e situações. Por meio de narrativas exemplares, constituem-se sensibilidades para perceberem o que eventualmente é conduta reiterada, mas que é anátema a partir de padrões considerados progressistas, educados e exigentes de moralidade.

Além disso, deve-se também escandalizar as situações, a benefício da melhor fixação, da propagação e da extração do máximo proveito da moralidade. O cancelamento, como busca de melhoria social pela danação exemplar das condutas indesejadas, procede como espetáculo. Também aqui tem forma de procedimento igual ao da Inquisição: grandes rituais de sensibilização social, criação de alarmes, rejeição de julgamentos discretos que quisessem preservar sujeitos acusados até a efetiva apuração dos fatos. A conexão entre acusação e danação, no cancelamento, é imediata, de sorte que os fatos imputados são tomados necessariamente como ruidosos, clamorosos, ensejando comentários, espantos, coesões sociais de avaliação moral condenatória e regozijos com a punição dos acusados. O cancelamento é estruturalmente baseado na sociedade de espetáculo. Os danados são sujeitos tornados objetos para o consumo espetacular das massas.

Por fim, deve-se buscar a binariedade moral. Como exigência da ação massiva do cancelamento e de sua propagação como espetáculo, ele busca alcançar juízos e sensibilizações morais tendentes à redução das nuances e das complexidades a posições meramente dicotômicas. Simplificando as métricas e polarizando os afetos, afastam-se possibilidades de dúvida, isenções ou expectativas de apuração; reclama-se imediata aderência ao certo ou complacência com o errado. O cancelamento, então, é redutor de argumentação e de investigações, abominando a suspensão do juízo e exigindo engajamento em métricas morais absolutas. Também aqui opera como a Inquisição: ou com Deus ou contra ele, ou com a certeza de veracidade da narrativa ou contra os princípios da moral neoliberal, presumidamente mais civilizada. O binarismo moral é fundamental para que o cancelamento possa se alastrar coercitivamente, alcançando a média das massas.

O cancelamento opera no âmbito da moralidade, constituindo-a a fim de lograr eficácia e propagar-se massivamente. Mas, além de produzir seu próprio campo de possibilidade, opera também a redução do problema social: a correção moral passa a ser o âmbito privilegiado das ações progressistas. Afasta perspectivas de revolução e transformação das formas sociais; insculpe a reforma moral individual ou intersubjetiva como sendo o palco preferencial da ação na sociedade. Não só forja um campo exigente de moralidade binária: impede a politização que alcance o problema intersubjetivo nas estruturas de produção e reprodução social. O cancelamento, produzindo uma moralidade escandalosa, redutora e binária, sufoca a possibilidade da crítica.

Funda-se o cancelamento nos dispositivos de punição e de educação pela negatividade. No capitalismo, seu alcance é extremamente parcial. Mais do que apenas reprimir, a sociabilidade da mercadoria produz desejo, de sorte que fantasias, encantos, engajamentos voluntários, conclamação de quereres, disposições a consumir, a ter, a gozar e a se distinguir são os instrumentos por excelência da constituição das subjetividades. O interesse é a forma ideológica padrão dos sujeitos no capitalismo. A educação pela negatividade, pretendendo reformar pela danação exemplar dos indesejados, alcança setores muito restritos da produção geral da ideologia na sociedade. Se à dor do cancelamento se opuserem possibilidades de prazer advindos do cumprimento do desejo, é possível que os instrumentos de educação negativa sejam mesmo inócuos em face das expectativas de gozo, ainda que passíveis de cancelamento de seus agentes. Nisto o liberalismo progressista consegue operar, na prática, uma binariedade social, mas às avessas de suas pretensões: canceladores são tomados como repressores de gozo; reacionários, seus liberadores. Assim sendo, a repressão conclama à sua própria ineficácia.

Além disso, a educação negativa como pretensão de conduzir a uma ampla autoeducação positiva é não só uma falácia como é, principalmente, uma ferramenta explosivamente contraditória, levando à insurgência dos danados e dos potenciais alvos de danação contra os inquisidores e flagelantes morais. Quando todas e todos podem ser potencialmente jogados ao palco do opróbrio para sofrerem pela prática de má-educação ou de ausência dela, a dinâmica da economia psíquica dos sujeitos os conduz, pulsionalmente, à oposição aos inquisidores e canceladores. O cancelamento, além de ter alcance muito limitado e parcial na educação progressista, é um movimento de atemorização moral punitiva. Seu resultado educacional tende a ser a majoração da rejeição social a seus termos. E isso se faz em prejuízo da eventual justeza de algumas de suas causas, ao se embalarem nas formas contraditórias do liberalismo moralista capitalista contemporâneo.

## 4.3 Cancelamento e aparelhos ideológicos

A produção e a manutenção da ideologia advêm de práticas sociais mas, também, de aparelhos que a moldam e sustentam. A transmissão da ideologia não se faz de modo vago, ocasional ou meramente dependente da vontade individual. Aparelhagens concentram a padronização e a industrialização das vontades, saberes, gostos e afetos. A intersubjetividade, que é a esfera do comezinho, da prática quotidiana, não apenas é atravessada por aparelhos ideológicos: é constituída por eles.

Família, escola, universidade, religião e meios de comunicação de massa moldam a subjetivação. Desde o nome de alguém até sua língua, desde sua crença até suas possibilidades profissionais, desde suas opiniões políticas até sua fruição cultural, são grandes aparelhagens que forjam e permitem o saber, o sentir e o querer. Tais maquinários garantem a perenização da ideologia. Tendem a ser maiores, mais constantes e permanentes que os indivíduos isolados, estabilizando longas margens de reprodução de modos de ser. Com isso, os sujeitos fazem sua ideologia, mas, em especial, são feitos por ela. A história é realizada pelos seres humanos, mas é mais realizada pelas suas costas.

A industrialização da ideologia por aparelhos tende à coesão; no entanto, não é isenta de contradições. Os aspectos centrais das relações de produção têm grande coesão ideológica: propriedade privada, família, Direito, Estado, dinheiro e segurança são formas nucleares das relações sociais, sendo invariantes dentro do capitalismo. São Ideologia. Já as crenças religiosas ou a ausência delas, as diferentes línguas, os possíveis arranjos distintos das famílias, escolas e universidades, os variados meios de comunicação de massa, as múltiplas artes e culturas e, em dadas circunstâncias, partidos, movimentos sociais e sindicatos, formam um conjunto de elementos mais fluidos, algumas vezes em disputa, também às vezes em parcial contradição com o próprio todo da reprodução social capitalista. Esse conjunto vasto de cognições, sensibilizações, afecções e valorações é o das ideologias.

Os aparelhos ideológicos constituem, concentram e moldam formas de compreensão, afloramento, expressão, resolução e esquecimento das próprias perseguições. O cancelamento, seu produto mais bem-acabado, é derivado direto das formas dos aparelhos ideológicos. O recebimento, a transmissão e mesmo a multiplicação de informações via meios de comunicação faz com que estes possam ter o papel de controlador decisivo da danação ou da salvação de alguém. O acolhimento e a propagação do cancelamento não se fazem apenas boca a boca: são industrializados por grandes aparelhos produtores de opróbrio.

Com isso, o cancelamento ganha alcance quantitativamente distinto daquele da fofoca, da conversa mentirosa, da rejeição pessoal casualista. A contemporânea forma de perseguição conhecida por cancelamento é feita por grandes aparelhos ideológicos, conta com propagação facilitada por algoritmos, gera gozo narcísico aos canceladores também mediante métricas industrializadas. Além disso, suas condições de acordo valorativo social são produzidas por aparelhos. As pautas de um tempo, as métricas do moral e imoral e os abalizadores intelectuais, políticos, institucionais, religiosos, artísticos e culturais do que seja devido e imperioso são produtos dos aparelhos ideológicos. O maquinário da ideologia cria a cultura e molda todos os sujeitos que participam dos rituais de cancelamento. Põe de pé as peças do dominó, bastando apenas que situações e pessoas específicas perfaçam a sistemática da queda em desgraça.

Os aparelhos ideológicos dão os temas, o substrato e o índice do que seja cancelável. As lutas sociais afirmam pleitos. Eles não resultam diretamente em cancelamento. São antes processados por aparelhos que balizam a imperiosidade de destruição dos sujeitos ou situações que não lhes sejam aderentes. Movimentos sociais, intelectualidade, instituições e meios de comunicação chancelam os padrões morais. A partir daí, sujeitos cancelam e massas aderem, realizando sua propagação.

Não só os conteúdos advêm de aparelhagem: o meio de comunicação também dá a forma ideológica para as ações. Com as redes sociais de internet, alguns padrões de expressão alcançam mais eco que outros. É o ódio o elemento de notabilização e catalização de seguidores. Daí, operações de virulência contra outrem alcançam um solo mais fértil de propagação que aquelas de reflexão crítica sobre fatos, situações e suas causas. O cancelamento se afirma e ecoa exatamente pelos afetos de ódio. Algoritmos das plataformas de redes sociais também os favorecem, de tal sorte que cancelar passa a ser uma inclinação industrial e massiva dos sujeitos.

Como os aparelhos ideológicos não são agências neutras em relação ao modo de produção, e sim seus operadores decisivos, fundam-se também em sólidas estratégias de acumulação. Se os afetos são instrumentados ao ódio e o cancelamento permite estabelecer um amplo circuito catalizador de afecções, então os aparelhos ideológicos lucram com o cancelamento. Perseguir e destruir passam a ser, daí, privilegiadas possibilidades do maquinário da acumulação.

Na sociedade capitalista contemporânea, sujeitos são constituídos ideologicamente para odiar. E o ódio gera lucro. O sistema da reprodução do cancelamento então se estabelece como moto-contínuo.

## 4.4 Cultura do cancelamento

Se lutas justas contra dominações e opressões tomam forma liberal e elas se exprimem em danação de sujeitos apontados como moralmente infringentes, e se a propagação dessa danação é lucrativa aos aparelhos ideológicos desse sistema e distintiva aos seus agentes acusadores, então o cancelamento é um móbil que se realimenta, e, nessa reprodução, cria uma cultura.

Trata-se de uma vazão de sentimentos, afetos e compreensões de mundo de sujeitos de uma sociedade impotente para dar resolução de suas contradições estruturais. Tal impotência gera a pulsão por ordenar o parcial, o circunstancial, por exemplaridade em face de um todo desordenado. Além disso, ao não permitir mirada longa de ganhos e solidez de experiência subjetiva, a sociedade capitalista pós-fordista, plantada na crise, joga foco no factual, no acontecimento, no evento, buscando isolá-lo da impotência da resolução do todo. A danação é a forma de ganhar potência casualística, fazendo do fragmento uma projeção ideal de uma totalidade cuja aspiração não é cumprida.

O substrato ideológico mais importante da produção e da reprodução do cancelamento é o individualismo. São sujeitos que se vitimam, são sujeitos que operam males, são sujeitos que, cancelando, castigam males e pretendem repará-los. Tal redução das demarcações ao nível dos indivíduos e sua consequente danação faz com que o cancelamento seja sempre mobilizador de vontades, de engajamentos individuais que angariam distinção moral em face de um todo indiferente ou cúmplice dos males. O individualismo é seu corolário, de modo que o cancelamento é altamente complementar à reprodução capitalista, estruturalmente individualista.

A noção de individualidade substancialmente isolada, contra o mundo, é o pano de fundo do cancelamento; a internet e as redes sociais ampliam essa dimensão. Assim sendo, as conexões dos indivíduos passam a ser com outros indivíduos que compartilhem das mesmas dores, da experiência dos mesmos sofrimentos ou ao menos da compaixão com a dor relatada. São os vínculos subjetivos da dor que forjam laços de sociabilidade no cancelamento. Via de regra, essa vinculação é feita mediante redes sociais: manifestações escritas, reações por postagens de imagens, emojis, curtidas etc. Culturalmente, passa-se a reconhecer o momento de relato de dores como catártico; a reação canceladora que daí se segue, uma catarse coletiva.

Com isso, coesões sociais de outros perfis, como aquelas tradicionais do fordismo, passam a ter menos relevo na espetacularização dos aparelhos ideológicos. Pertencimento a partidos, a movimentos de luta ou a sindicatos engajam menos em redes sociais do que a vinculação subjetiva a *pathos* de rejeição a domínios e opressões factuais e pontuais. Se a coesão a movimentos grupais de luta gera movimentação estratégica, a coesão interindividual pelo cancelamento gera movimentação catártica. Afetos de catarse tendem a se sobrepor aos de estratégia na sociabilidade de espetáculo: operam valores como pureza, purificação, demarcação extrema de bem e mal, bons e maus, justos e injustos.

No capitalismo, a ausência de coesão forte nas lutas grupais ressalta competitividades intersubjetivas extremadas e alianças pontuais de sujeitos que se compreendem como já educados contra domínios e opressões. O cancelamento, mecanismo de fruição do gozo pela danação alheia, apresenta-se como peça necessária de um maquinário de justiçamento disponível imediatamente aos indivíduos. Dado que as vivências dos sujeitos são desgraçadas, é necessário propagar suas desgraças a fim de que os desgraçadores também sejam desgraçados. A cultura de justiçamento se estabelece como resultado de uma educação negativa. Alguém se distingue moralmente do mal do mundo para poder danar a outrem.

O cancelamento não é apenas uma espécie de caprichosa ou voluntária ação de malefício a outrem. É a mobilização de afetos e pulsões inconscientes de reação ao sofrimento sentido pelo sujeito no mundo, embalados por dísticos trabalhados pela consciência. Seus agentes não se apresentam pelo ângulo de sua maldade ou de sua pulsão inconsciente, mas sim de sua justeza, com argumentos conscientemente educados. Canceladores podem se perceber então como justiçadores, repositores da ordem, restauradores da moral, investindo contra algum caos que a intersubjetividade se lhes representa. Tal cultura é estruturalmente reativa, obnubilando percepções de alteridade ou de crítica de seus agentes. Do mesmo modo que antes, como na Inquisição – reputada divina –, agora o cancelamento mobiliza forças psíquicas poderosas e tidas por legítimas de destruição. A cultura do cancelamento é uma possibilidade virtuosa de vazão da pulsão de morte.

Sendo uma cultura de reação, o cancelamento majora ideologicamente o caráter autoritário e repressivo das massas, acentuando o moralismo como sua manifestação corrente. Momentos de cancelamento são catárticos, impõem rituais de flagelamento, estabelecem caminhos específicos de espetacularização. O cancelamento, sendo uma ação individual que se propaga socialmente como danação, gera gozo pela forja de um circuito coletivo de pulsão de morte. Tal como o linchamento, o cancelamento possibilita a expansão da fruição individual e coletiva da destruição de outrem. Quando esse circuito se torna um sistema em moto-contínuo, a peste emocional grassa.

# CAPÍTULO V

# OS SUJEITOS DO CANCELAMENTO

## 5.1 O cancelamento e seus sujeitos

Há múltiplos sujeitos do cancelamento. Seus agentes são de variados tipos – aqueles que se apresentam como vítimas e em razão dos quais se cancela; aqueles que operam social e/ou institucionalmente o cancelamento. Seus pacientes são também variados – os que são cancelados, os que lhe são próximos, os que os defendem ou não concordam com a forma e os termos da perseguição. Fenômenos de cancelamento são sociais, constituídos por múltiplos sujeitos em coesões, conflitos e contradições entre si.

Podem-se ver três sujeitos típicos do cancelamento: acusadores, linchadores e acusados. Os primeiros, no papel de vítimas, sacralizam-se; na sociabilidade capitalista neoliberal, seus relatos ganham inclusive força de pronta verdade, por conta do progressismo liberal que situa no dever da danação alheia a partir de casos narrados a possibilidade de alguma redenção de chagas estruturais. Os segundos operam a máquina inquisitorial, arrogando-se o papel de agentes morais da punição e brandindo certezas morais. Os terceiros são os danados e condenados socialmente, muitas vezes assim imediatamente tornados logo com a denúncia ou a acusação.

O sujeito cancelador que se apresenta como acusador/vítima é o elemento motriz do fenômeno do cancelamento. Em seu entorno, em sua defesa, desenvolve-se o plexo da mobilização moral. A compreensão de suas dores, traumas e fragilidades organiza o saber e os motivos que ensejam cancelar. Por sua vez, os sujeitos canceladores linchadores são aqueles que, em número múltiplo e via de regra expressivo, movem-se por escandalizar, repercutir, moralizar, vingar, desgraçar alvos, puni-los. Pela psicologia de massas, alcança-se o central e decisivo da constituição de tais sujeitos, cujo comportamento é catártico e de manada. Em ambos os casos, dos acusadores/vítimas e dos linchadores, sujeitos ativos e dinâmicos do cancelamento, a sociedade os tem como legitimados em seus intentos e atos.

O sujeito cancelado é aquele sobre o qual recaem danações sociais. É considerado legitimamente alvo, devendo padecer por razões morais. Sendo sujeito passivo do cancelamento, não é tomado a partir de compaixão por sua condição de perseguido, mas como réu social. Tanto assim se dá que, nos dispositivos do liberalismo progressista contemporâneo, não se lhe desenvolveu ainda uma consolidada forma de apoio. A noção de flagelação exemplar consubstanciada em imperativos morais que sustenta o linchamento impede, até aqui, que se veja esta inquisição contemporânea pelo olhar do cancelado.

## 5.2 Os sujeitos acusadores

O plexo fundamental do cancelamento se desenvolve em torno do sujeito acusador. Via de regra considerado vítima, o denunciante se apresenta e é socialmente tomado como sujeito passivo de um mal e, portanto, sujeito ativo de um pleito de reparação e apoio a si e, também, de danação ao sujeito que lhe tenha feito o malefício imputado. O acusador pode, eventualmente, não ser a própria vítima, mas alguém com grau de legitimidade em seu reclame em face desta: parente, amigo, representante, cuidador, pertencente à mesma identidade, grupo social ou ideológico. Neste caso, o acusador se arroga tanto a identificação com a sujeição sofrida pela vítima quanto a legitimidade da força reativa daí advinda.

O sujeito reputado vítima, que faz gerar o cancelamento, não é o mesmo sujeito reputado vítima de outras situações detestadas ou mesmos criminalizadas. Nestas, há um trâmite pelo qual alegações e sentimentos passam por apuração, investigação, julgamento e decisão em esferas que se encontram para além da mera afirmação do sujeito vitimado. No cancelamento, no entanto, a própria declaração do sujeito que se apresenta como vítima engendra uma totalização de juízos e danações ao seu alvo. Ao se declarar sofredor, não permite outra posição legítima aos demais que não a de se engajar em seu relato. Desconfiar de sua dor ou, ao menos, suspender o juízo à espera de apuração, passa a ser não se solidarizar com um sofrimento legítimo e acumpliciar-se com um quadro estrutural de mazelas.

Daí, o sujeito que se arroga vítima em situações que geram cancelamento porta uma certeza de irrefutabilidade. Deslegitimando a possibilidade de contraste, o denunciante-vítima apresenta-se como um sujeito em absoluto de um mal que lhe foi perpetrado. Portanto, pretende que seu reclame não possa ser desconhecido ou descredibilizado, sob pena de fazer de quem dele desconfie ou exija provas um cúmplice do que se acusa. Assim sendo, não é linear a passagem de um sujeito vítima a sujeito cancelador: este não é aquele quando comprovado seu relato, mas é, de *per se*, um afirmante em absoluto. O sujeito cancelador é um sujeito vítima assim pensado e afirmado de pronto, com pretensões de irrefutabilidade.

O sujeito cancelador, reputado absolutamente vítima, afirma um dado, não infere o resultado de um processo. Perquirição e investigação não são seus métodos; há um encurtamento fenomênico pelo qual situação e relato são presumidos incontestáveis. Afastam-se a processualização fática e a reflexão valorativa. Impõe-se um clamor de imediatitude e linearidade. O anúncio da condição de vítima se perfaz como momento catártico, incontornável, espetacularizado, e as decorrências sociais se apresentam como dinâmicas de propagação, numa movimentação necessariamente de massas e que não pode ser obstada por pleitos de dúvida ou de julgamento conforme trâmites institucionais ou tempo próprio da investigação.

A manifestação do denunciante/vítima se faz a partir de suas pretendidas certezas. Estas, em tantas ocasiões, advêm da realidade factual. Em outras vezes, no entanto, advêm de interpretações, reelaborações ou mesmo de mentiras, da direta consecução de estratégias de seu interesse próprio ou de intenções escusas. Valorativamente, estabelece-se uma grande distinção entre causas efetivas e legítimas e seu contrário. No entanto, socialmente, nas práticas e no dispositivo, tal distinção se esvai. A forma do cancelamento iguala causas reais ou falseadas, legitimidades ou interesses vis. A distinção valorativa e de veracidade auxilia na demarcação do quadro das tipicidades das relações sociais; de nada implica a sagração do método do cancelamento.

A princípio, quando tomada como afirmação verídica e fidedigna, a condição de vítima não é um gozo; é, antes, um padecimento. A exposição de um sofrimento é também um ato de dor, numa espécie de processo necessário para se curar e também para alertar a respeito de situações, fatos ou pessoas que causaram malefícios. Peculiarmente, a exposição de um sofrimento também é um ato de gozo. Em situações cujas narrativas são próximas da veracidade factual, narrar é poder se libertar, elaborar o havido, mas também contrastar bem e mal. Em situações cujas narrativas se misturam com interesses escusos ou alheios a uma verdade factual, há um gozo em detratar, em fazer cair alguém de reputação, em se vitimar, em receber apoio, em ser alvo de atenções. A condição de vítima, assim, reorganiza os sujeitos em um vasto arco de interpelações, desde as mais nobres às mais torpes. É impossível determinar, de antemão, a justeza ou a miserabilidade das motivações que levam alguém à declaração de vítima. Por isso, é um dever operativo olhar suas alegações sem peias restritivas, mas é também um dever operativo apurar fatos e inferir juízos consequentes.

Os dispositivos de cancelamento atualizam e aperfeiçoam instrumentos tradicionais de perseguição. A prevalência em face de outrem é um modo relacional de poder, de tal sorte que o cancelamento pode ser uma estratégia de gozo. Ao se apresentarem socialmente como vítimas, sujeitos podem tanto elaborar circunstâncias e dores legítimas cuja reparação seja considerada imperiosamente ética quanto podem se valer de artifícios de gozo muitas vezes perverso. A danação de outrem é um efetivo prazer a sujeitos que se constituem numa intersubjetividade competitiva, demarcada por práticas, distinções e símbolos de hierarquia e diferença. Há possibilidade de gozo pela condição de vitimização. Em sociedades espetacularizadas, muitas vezes o sofrimento é um raro palco possível no qual se jogam holofotes à subjetividade depauperada. E, ainda, o prazer se abre não só como imediata satisfação promocional de quem acusa. Também se faz de modo diferido, a partir da danação de outrem, por vê-lo decaindo de posições de prestígio, vantagem, poder, autoridade, respeitabilidade. Tanto se pode ganhar gozo sendo alvo das atenções quanto pondo outros sujeitos no alvo do opróbrio. Ou, ainda, numa mistura dessas duas possibilidades.

De antemão, um padrão rigoroso de eticidade crítica nem pode se apresentar como imediata refutação a reclames de vitimização nem como imediata presunção de sua veracidade. Mais que isso, os marcos extremos de uma bipolaridade não são os únicos polos do arco da produção do sujeito que narra sua vitimização. Há uma vasta zona de interpretação, projeção, indução, satisfação, bloqueio, desejo e repressão que faz com que a produção das situações a serem anunciadas como ensejadoras de cancelamento seja não a de um direto decalque fato-narrativa, que pudesse então se valer de inferências probatórias posteriores de verdadeiro-falso, mas uma reprodução, no sentido de resultante de um plexo de sentidos atuando e se projetando sobre fatos ou até mesmo, no limite, não-fatos. A produção do sujeito que se apresenta como vitimizado e dá causa ao cancelamento é, então, uma complexa e muitas vezes contraditória produção e reprodução pessoal e social.

## 5.3 Os sujeitos linchadores

O sujeito pelo qual se motiva o cancelamento, aquele apresentado como vítima, é quase sempre identificável e, ainda que múltiplo, contabilizável – embora a hipótese de ações de destruição alheia por conta de supostas vítimas anônimas tenha também se aberto como flanco horrendo da atualidade. De outro lado, os sujeitos que operam o linchamento, via de regra, constituem-se como turba, agrupando-se e se propagando em movimentos de massa. A quantidade de sujeitos linchadores é variável: desde grupos de menor número – familiares, parentes, vizinhança, igrejas, locais de trabalho – até aqueles que operam em contextos de vasto alcance social – meios de comunicação de massa, reputação pública, perseguição institucional etc.

Os linchadores, operadores de massa do cancelamento, são de muitas ordens. No campo institucional, constituem-se como agentes movimentadores dos flagelos repressivos, sejam policiais, jurídicos, políticos ou de outros âmbitos organizacionais. O impacto de tais sujeitos é decisivo: desgraçam objetivamente as condições sociais do cancelado. De investigações a processos administrativos, de acusações judiciais a condenações, há uma ordem de procedimentos, trâmites, bloqueios, limitações, gastos, humilhações, esgotamento psíquico, opróbrios e punições no campo institucional. Além disso, mediante tais poderes e suas decisões e sentenças pode-se ainda mais chancelar e se legitimar o cancelamento, propagando-o. As motivações dos sujeitos linchadores institucionais variam desde o cumprimento do estrito dever legal até o aproveitamento do poder para fins de prevalência de interesses próprios em face dos perseguidos. No cancelamento, quase sempre, o múnus mistura-se à vontade de danar.

Uma segunda categoria de sujeitos linchadores é composta por aqueles que formam o âmbito diretamente social da reputação do cancelado. Aqui, em especial, avultam os operadores dos aparelhos ideológicos e dos meios de comunicação. O cancelamento se forja lançando estigmas moralistas contra seus alvos. A produção do sujeito cancelado é feita pelo sujeito cancelador que, mediante aparelhos ideológicos pelos quais é investido ou os quais maneja, constitui, legitima e propaga a danação. A religião, maquinário exemplar de cancelamento, cria o campo do que é tido, apreciado e demarcado como moral, ético, justo, bom, correto, divino. A partir daí, chancela-se a desgraça dos que são apontados como estranhos ou falhos em face desse conjunto moral – ou mesmo confrontadores dele. O sujeito linchador que dana ideologicamente se assenta sobre um poder moral que lhe dá, então, condições sociais de desgraçar os sujeitos-alvo. A produção dos instrumentos de poder social gera o poder de cancelar.

Os aparelhos ideológicos de ordem moral produzem o sujeito cancelado pela declaração de sua infringência ao normal ou ao desejável. Por sua vez, os aparelhos ideológicos de comunicação produzem o sujeito cancelado pela propagação da notícia da infringência e pelos juízos massivos que daí advêm. É a comunicação de massa que permite, desde o século XIX, a industrialização da desgraça. Com o jornalismo, o telégrafo e o telefone, depois o rádio e a televisão, sujeitos que até então eram danados em seu círculo social imediato passam a sê-lo em vastos âmbitos sociais. A partir do final do século XX, com a internet e as redes sociais, o âmbito da danação passa a ser, virtualmente, mundial. Como fenômeno de perseguição e danação surgido especificamente no tempo presente, o cancelamento encontra nos atuais meios de comunicação possibilidades, poderes e molduras até então não alcançáveis mediante outros aparelhos ideológicos.

Os sujeitos canceladores dos meios de comunicação de massa são o dínamo da propagação do cancelamento. Operam demarcações rígidas entre certo e errado ou bem e mal, estabelecem juízos absolutos, simplificam complexidades factuais a fim de que as narrativas sejam absorvidas de modo linear pelo público. No que tange à forma de exposição e comunicação, os linchadores dos meios de comunicação se apresentam como sujeitos escandalizados, a partir disso escandalizando terceiros, e investidos de certezas, o que lhes permite propagar informações e espetacularizar as situações informadas.

O maquinário da comunicação cria o espetáculo a fim de manter a reprodução de uma cadeia de atenções que é central na estratégia de rentabilidade e acumulação de tais aparelhos ideológicos. Sujeitos-alvo de cancelamento são objetos da produção espetacular que permite a sustentação e a propagação econômica, política e social dos sujeitos canceladores.

Constituindo vasta rede, outros aparelhos ideológicos ainda contribuem na produção de sujeitos linchadores. A escola e a universidade, quando absorvem linearmente os valores e alegados motivos pelos quais o cancelamento se apresenta, constituem um corpo de trabalho intelectual de legitimação e naturalização do fenômeno. Sendo de perfil liberal progressista, a universidade contemporânea, não conseguindo enfrentar o modo de produção, problematiza então situações concretas, buscando projetar, a partir delas, estruturas que seriam devidas principalmente à reiteração social de fatos isolados e passíveis de mudança por mera consciência de seus agentes. O espectro da agenda acadêmica do século XXI é o da falha moral dos indivíduos.

Outra ordem de constituição de linchadores é aquela dos sujeitos de socialidade básica e/ou imediata com o cancelado. O quotidiano é um espaço privilegiado de sofrimentos e contraposições ao cancelado. Os canceladores da vida imediata percebem-se incomodados com o desgraçado, sentem-se conspurcados por privarem do mesmo espaço e da mesma rotina deste, impõem-se um regime de tratamento às vezes ainda mais rigoroso contra o cancelado, a fim de não se confundirem com as acusações que em face deste recaem. Pode-se dar aqui, também, a incidência de caprichos intersubjetivos, humilhações microfísicas, exacerbação de práticas de convívio. Tal quotidianidade é causadora de malefícios impactantes ao cancelado, além de organizar a subjetividade dos canceladores linchadores para graus ainda mais expressivos de contraste moral em relação a seus alvos.

Por fim, há o corpo de sujeitos linchadores contagiados. Estes, mais passivos quanto ativos na elaboração do estereótipo do sujeito cancelado, são, no entanto, cadeia fundamental da produção deste: em sua dinâmica volumosa, de massas, acabam por configurar o tamanho e a amplitude do cancelamento e sua incontornabilidade social. Os linchadores de massa tanto se movem por causas psíquicas básicas – autopurificação por contraste, motivação à normalização por contraposição ao danado – quanto, também, por causas psíquicas de massa – contágio comportamental, busca de não se diferenciar do juízo moral médio, sintonização com o fluxo social dominante. Tornar-se sujeito linchador de massas é tanto gozar quanto se purificar quanto se fortalecer na fusão com a maioria em rituais, práticas e juízos vitoriosos. A pulsão de morte de massas cria vínculos de homologia subjetiva e de aceitação grupal, além de permitir o gozo por diferimento da desgraça alheia.

A alocação da repressão é ponto decisivo da produção do sujeito linchador de massas. Em sociedades de exploração, dominação e opressão, a repressão é estrutural, constitutiva dos sujeitos e de suas forjas de intersubjetividade e de sociabilidade. Bloqueios ao gozo são padrões constitutivos das personalidades. A explosão de pulsões de danação a outrem permite descargas de pressões repressivas internas. Dá-se, então, o deslocamento da pulsão de morte para alvos externos, cujo sofrimento expressivo reequilibra o peso relativo do sofrimento interno de cada linchador. Além disso, como o movimento cancelador de massas, ao surgir, tem caráter de transgressão coletiva – destruição sumária de alvos, muitos deles até então tidos em boa acepção social –, abrem-se espaços privilegiados, e mesmo de rara oportunidade, para gozar o sofrimento alheio. Assim, cancelar é gozar tanto por transpor barreiras éticas não frequentemente rompidas quanto, ainda, por reequilibrar a economia psíquica interna entre gozo e repressão ao se ver majorada a repressão social a outrem. A propagação de massas do cancelamento é tanto um movimento de expressão e alocação de repressão e pulsão de morte quanto, também, um dispositivo individual enlaçado socialmente de pulsão libidinal.

Assim como a vítima do cancelamento não advém de uma condição natural, mas da produção de um sujeito-vítima, também o sujeito cancelador linchador não é um indivíduo naturalmente cancelador: é produzido socialmente. Ele assim o será se reduzir complexidades, se se investir de ganas, se se fizer imperioso moralmente perante outrem, se performar em face de outros. O que une socialmente tais sujeitos linchadores é a propagação do cancelamento como fenômeno de massas: de um lado, os aparelhos informam, julgam e esparramam a danação para vastas parcelas sociais; de outro lado, a dinâmica intersubjetiva é feita pelos mecanismos de contágio explicados pela psicologia de massas, cruzando repressões e gozos.

## 5.4 Os sujeitos cancelados

Ser cancelado é ser constituído como sujeito-alvo, e tal processo é na verdade uma hipersubjetivação, no sentido de que as condições existenciais do sujeito e as acepções sociais a seu respeito são tanto amplificadas quanto levadas ao extremo. Destacado do rotineiro, da normalidade, da média, do padrão, o sujeito cancelado se torna escrutinado, especulado, julgado, condenado, ultrajado, punido, estigmatizado. O sujeito cancelado é aquele que enfrenta um ataque massivo à sua reputação e às suas condições materiais e psíquicas de vida. Em não havendo determinação prévia de quem seja cancelável, qualquer sujeito é passível de ser lançado a tal situação de danação. Sujeitos cancelados são, a princípio, todos os seres humanos.

Também se pode ampliar a categoria de sujeitos cancelados para abarcar não apenas as pessoas físicas, mas as pessoas jurídicas. Em sociedades capitalistas, a empresa é um plexo importante de relações sociais e está submetida à concorrência. A disputa de imagem, marca e reputação é decisiva à dinâmica empresarial: a desgraça de uma empresa pode representar proveitos de lucro e acumulação a outras. Mesmo fenômeno se dá com demais pessoas jurídicas como associações, organizações, sindicatos, partidos políticos e movimentos sociais, legalizados ou não. O cancelamento de agrupamentos, partidos ou organismos sociais não apenas é uma possibilidade; é frequente.

O sujeito cancelado, via de regra, é aquele que apresenta boa reputação ou projeção de sua imagem, de tal sorte que a danação lhe seja uma derrubada social relativa. Em sociedades neoliberais, nas quais o cancelamento é uma ferramenta do liberalismo progressista, seus alvos prioritários são, então, sujeitos desse mesmo arco ideológico, ou que ao menos com ele interseccionem, principalmente personalidades públicas, artistas, políticos ou intelectuais. A danação de suas reputações é o objetivo das ações de cancelamento. Em sua fundamentação, diz-se do desnudamento de comportamentos, do apontamento de hipocrisias, do combate a práticas consideradas nocivas. Trata-se de cobrar exemplarmente de quem muito se espera ou esperava. Neste sentido, o cancelamento é um processo autofágico: a destruição de reputação advém de pessoas do próprio meio social do sujeito-alvo.

Em casos nos quais o cancelamento é forjado por ambientes distintos daqueles do neoliberalismo progressista, também sua dinâmica costuma ser autofágica. Em grupos de direita e extrema-direita, a falta de lealdade aos líderes, a tibieza na defesa de suas pautas ou mesmo a concórdia parcial de opiniões com outras ideologias leva à produção de sujeitos cancelados. O cancelamento é, assim, uma espécie de danação do grupo a alguns dos seus. No entanto, há também, reiteradamente, o fenômeno de cancelamento heterofágico: grupos liberais cancelando sujeitos reacionários e vice-versa. Aqui se verifica uma dinâmica de massas organizada pelo perigo ou pelo incômodo do sujeito externo ao grupo.

Tanto situações de cancelamento autofágicas quanto heterofágicas podem produzir sujeitos-alvo com os mesmos potenciais de contundência ou virulência. A distinção não é de método, mas de sanção canceladora. Quando se trata de um sujeito- alvo do próprio círculo social, os castigos podem se destacar pela devastação de *status* dentro do próprio grupo em que se notabilizava, pela perda de cargos institucionais controlados pelo grupo, pelo alijamento de espaços até então comuns, pelo estigma a partir de valores compartilhados.

De outro lado, quando se trata de um sujeito-alvo de círculo oposto, reforçam-se bloqueios e estigmas já previamente assentados.

Em algumas situações, há a hipótese de se estabelecerem grandes coesões sociais de cancelamento. Quando amplas parcelas sociais se põem a destruir em bloco a reputação de sujeitos-alvo, dá-se então uma motivação socialmente generalizante. No neoliberalismo, a moralidade sexual repressora costuma encontrar eventuais temas de convergência entre reacionários e liberais, produzindo sujeitos-alvo cancelados pela maioria. O mesmo com sujeitos cancelados a partir de bandeiras moralistas como a do combate à corrupção. A perseguição a sujeitos revolucionários comunistas costuma ser também um padrão geral compartilhado por reacionários e liberais.

Quase sempre, o sujeito se torna cancelado a partir de eventos ou acontecimentos. A ocorrência abrupta, muitas vezes espetacular, reposiciona o sujeito no quadro social e também em face de sua própria história. É com base no evento, no acontecimento, no factualmente havido que então se reconfiguram compreensões, interpretações, juízos e sentenças sociais a respeito do sujeito. O cancelamento é uma reelaboração imediata, violenta, intensa e expressiva do modo pelo qual os demais tomam um sujeito e o interpelam. Tal reelaboração costuma ser de sentido distinto – até mesmo e quase sempre oposto – ao da reputação social até então tida pelo sujeito.

A informação e a autocompreensão do sujeito cancelado a respeito de sua nova situação costumam surgir por tais eventos violentos e abruptos. O movimento de massas explode, muitas vezes, de modo inesperado, engalfinhando o sujeito cancelado e o submetendo a efeitos imediatos de desgraça. Há tanto a possibilidade de se reconhecer cancelado a partir da própria inteligibilidade do ato, do evento ou do acontecimento como há, também, a possibilidade de se ver subitamente cancelado por situações que escapem à intelecção, ao entendimento ou ao juízo médio do próprio sujeito cancelado. Nestes casos, há um diferimento temporal entre fato e danação. Contudo, em todas as hipóteses, tornar-se cancelado é alterar-se enquanto sujeito quase sempre mediante um choque de cognição e de afecção.

No entanto, há hipóteses nas quais os sujeitos-alvo são atravessados pelos processos de cancelamento e/ou têm notícia deles quando os atos estejam ainda em preparação ou formação. Cancelamentos advindos de perseguição valem-se de maquinários ou de dispositivos cujas ações podem, eventualmente, começar a se fazer sentir antes da explosão dos eventos ou acontecimentos derradeiramente espetaculares de danação. Nesses casos, a perseguição deixa rastros e os sujeitos-alvo percebem um cancelamento por vir, ainda que muitas vezes não tenham meios de impedir tal intento persecutório. Aqui, estabelece-se também um sofrimento suplementar ao sujeito cancelado, pela sua ciência prévia de uma desgraça em preparação e andamento, quase sempre irrefreável. Em alguns casos, ainda, perseguições em curso podem apresentar chantagens aos sujeitos-alvo como modo de estancar cancelamentos.

O fenômeno do cancelamento opera indistintamente em face dos sujeitos cancelados, não importando, a princípio, a justeza ou a realidade da situação geradora de opróbrio. Cancela-se e apenas depois, se for o caso, apura-se, de tal sorte que o sujeito-alvo não é mais ou menos cancelável conforme a verdade dos fatos imputados. A dinâmica do cancelamento tem mais relação com o contágio das massas e o peso dos aparelhos ideológicos e comunicacionais que, propriamente, com suspeitas fundadas ou com verdades manifestas e notórias. O espetáculo preside a constituição de um sujeito em vítima, não a veracidade da acusação.

O sujeito cancelado não é assim considerado por conta da explicitação de fatos ou situações por ele gerados. Mais ênfase há nos canceladores que nos cancelados para a produção destes. Por isso, o cancelamento encontra sua determinação no contágio social e nos aparelhos e dispositivos que estigmatizam e desgraçam, não nos alegados fatos que o motivam. Muitos sujeitos que demonstrem sua inocência ou que sofreram efetiva perseguição podem não conseguir demover movimentos canceladores de massa. Muitos sujeitos patente ou flagrantemente condenáveis não são alvo de cancelamento. Muitos sujeitos podem ser cancelados de modo brutal por situações culposas e não-dolosas, eventualmente desculpáveis. Muitos sujeitos podem não passar por cancelamento ou sofrê-lo apenas em pequenos ou restritos circuitos, ainda que seus atos tenham sido dolosos e explicitamente engendrados.

Tal relativa indiferença à justeza material da condição de alvo faz com que o cancelamento seja nefasto enquanto forma. Aqui reside seu problema central. Por ser exatamente um movimento mais da forma que do conteúdo, o cancelamento ganha força quase moto-contínua. Quaisquer sujeitos poderão ser alvo apenas pela possibilidade havida socialmente de cancelar. A forma, sendo franqueada, reveste-se de qualquer conteúdo. Há inclusive protocolos sociais bastante assentados – reputados, pelos neoliberais progressistas, de letramento – para que qualquer ação canceladora seja, a princípio, acolhida. A inversão formal do princípio de presunção de inocência é a grande causadora de tornar todos os sujeitos potencialmente cancelados. Por isso a amplitude dos alvos é infinita. Qualquer tema e qualquer situação podem ser objeto de cancelamento. Basta o manejo de sua forma para promover danação de seus acusados.

Assim sendo, não servem, contra o cancelamento, dísticos tradicionais como aqueles de que "quem não deve não teme". Não há inferências concretas nem subsunção lógica entre fato e desgraçamento. Não há blindagem por se supor ter agido corretamente nem por se supor não ter dado motivo a cair em desgraça. Quem deve e quem não deve podem ser cancelados. É verdade o apontamento de que, *a posteriori*, investigações e julgamentos institucionais podem dar alguma condição de provar ou decidir pela inocência de acusados. Mesmo assim, os sujeitos-alvo não voltam ao *status quo ante*. O cancelamento é um evento em si, não reparável nem combatível mediante provas posteriores; pode a todos constituir como sujeitos-alvo, com ferimentos irrecuperáveis.

Por fim, há a zona expandida de sujeitos cancelados. Familiares, parentes, amigos, pessoas próximas, de mesmo grupo, movimento, partido ou instituição podem ser sujeitos cancelados por reflexo. A danação social de alguém, em muitas circunstâncias, é transportada também para os seus. O mesmo se dá com os defensores, amparadores e cuidadores dos sujeitos cancelados. Pleitos por justiça, presunção de inocência, investigação antes de decisão, suspensão do julgamento para apuração dos fatos, demonstração de incongruências na acusação, descoberta de esquemas persecutórios que deram base à danação, tudo isso faz com que os que preguem, lutem ou ajam pelo não-cancelamento possam também ser sujeitos cancelados. Estendendo o estigma aos defensores do sujeito-alvo, impede-se com isso que o cancelamento seja obstado. De defensores de bandidos a cúmplices – ou, no vernáculo baixo, a "passadores de pano" –, os que investem contra a propagação de massa da peste emocional sofrem danos. De um Dreyfus a um Zola, denunciante da injustiça que faziam àquele, os sujeitos cancelados podem ser múltiplos.

# CAPÍTULO VI

# OS CUIDADOS DO CANCELAMENTO

## 6.1 Manejos do cancelamento

Os cuidados em torno dos reclames, dores, desejos e necessidades no contexto do cancelamento são tão variados quanto também o são seus sujeitos partícipes e atingidos. E os manejos dos seus sofrimentos e expectativas podem tanto ser eficazes quanto insuficientes, inócuos ou até mesmo ampliadores dos males que buscam sanar. Canceladores e cancelados são resultado de sua história pessoal mas também de uma história social. Toda subjetividade está submetida a uma dúplice ordem de injunções no cancelamento: de um lado, os dados sociais que advêm de determinações estruturais (a ideologia geral e as formas, imposições e ritos do ato de cancelar); de outro lado, situações, circunstâncias, contingências, factualidades e condições particulares dos sujeitos envolvidos. Tratar do cancelamento exige, então, a lida com tal dúplice frente: a da sociabilidade, suas formas e seus talhes impositivos; a dos sujeitos e suas particularidades.

Sendo o cancelamento uma chaga social relativamente propagada, cuidar dos sujeitos por ele atravessados é agir circunscrito por limites e contradições. O manejo individual de situações advindas de imposições sociais estruturais se confronta com demandas contraditórias em sua forma. O sofrimento que leva ao cancelamento ou que vem dele é sempre resultante de situações, circunstâncias ou fatos específicos. Mas se molda mediante formas permitidas, estabelecidas ou incentivadas socialmente. Tais formas, antes de serem solucionadoras do problema que lhes dá base, são propagadoras dele. Cancelar não é tratar das dores, é ampliar ou distribuir dores, ou mesmo constituir outras novas. Cancelamento não é justiça nem reparação de sofrimentos, mas moralismo inquisitorial punitivista, saciando imediatitudes de pulsões sem resolvê-las.

A contradição estrutural entre cuidado e cancelamento está na forma deste. De modo inexorável e absoluto, cancelar é não-tratar das causas e dos encaminhamentos necessários às dores existentes. Da parte dos sujeitos que se arrogam vítimas, e pelos quais se movem dispositivos repressores, o cancelamento é, ao cabo, uma não-escuta de seus sofrimentos e de seus impasses. Cancelar tendo por base a imediata denúncia de alguém é ouvi-lo sem ouvir, dado que a dinâmica de enlaçamento com suas dores opera como performance, não como vinculação qualificada à sua experiência. Tomar uma missão de justiçamento é resolver antes de perquirir, investigar, ouvir ou revolver para curar.

O cancelamento, sendo uma comunicação de bloqueio, de desgraça, de oposição total, não dá condições para que os canceladores, alegando-se vítimas, construam guarida efetivamente consequente às suas dores. Há, aqui, apenas movimento performático, vazio de resolução concreta. Tais performances são lineares, sem que os sujeitos-alvo cancelados se engajem ou façam elaboração propositiva das situações. No que tange aos sujeitos terceiros, que reagem aos sofrimentos de alguém cancelando outrem, tal ação é tomada como missão inquisitorial. O cancelamento não abre espaço à construção de manejos materialmente suficientes de elaboração da própria vítima e de sua proclamada dor. Os gritos de quem se anuncia vítima exigindo cancelamento, e também de quem age em sua defesa cancelando, são o contrário da fala ou do diálogo que possam curar.

Da parte dos sujeitos linchadores, atuando em movimentos grupais ou de massa, o cancelamento não permite interface frutífera com o problema apresentado, mobilizando, pelo contrário, forças performáticas que, muitas vezes, escondem e recalcam sintomas. O fenômeno de massa do cancelamento impõe mobilizações morais lineares, mediante as quais os sujeitos deslocam suas próprias pulsões, desejos, libidos, vontades e inclinações. A espetacularização, saciante de pulsões imediatas, é eventualmente contrária à satisfação de substanciais demandas subjetivas. O cancelamento é, para as massas linchadoras, vazio de resultados morais, porque recalca problemas e os embala em falas e movimentos de repressão a outrem. E, mantendo-se o sintoma não resolvido, os linchadores sentem que seu fervor não lhes cura as dores, podendo, até mesmo, aumentá-las, porque a mesma métrica usada para a destruição alheia é passível de ser usada contra seus próprios pendores. Assim, cancelar é tanto não se saciar substancialmente quanto, ainda, arrastar inconscientemente o peso de poder vir a ser cancelado da mesma forma com que se cancela a outrem.

Em se tratando dos sujeitos cancelados, dá-se uma devastação subjetiva intensa e imensa. Ao ser levado compulsoriamente à desgraça, o alvo do cancelamento não consegue elaborar suas motivações, seus erros nem mesmo seus acertos. Ele é obrigado a encarar o opróbrio, a falência de suas condições objetivas e subjetivas, o esgarçamento de seu tecido social. O cancelado é o não-escutado em absoluto. Ele não pode sequer aprender com o cancelamento: ele é apenas sujeito-alvo de inquisição. Espera-se dele que sofra, não que elabore. A única lição possível ao cancelado é a da inferência da vasta extensão do flagelo da condição humana. Além disso, a principal ação exigida a um cancelado pode ser a de subsistir existencialmente. Sua condição subjetiva é levada a interpelações extremas, muitas vezes sem encontrar laço social suficiente para enfrentar a perseguição que sofre. Socialmente, inclusive, há uma inclinação para que o cancelado não seja cuidado, e sim punido. O manejo do cancelamento ao sujeito-alvo não é compreensivo, é castigador.

Acresce-se, a tal quadro, a moldura coercitiva que impõe comportamentos socialmente esperados. De sujeitos que se anunciam como vítimas e de linchadores, há o impulso a um fervor considerado legítimo para danar e desgraçar outrem. Aos sujeitos cancelados, há a expectativa de que aceitem o flagelo, que não protestem contra ele, que assumam o que se lhes imputam, que confirmem a justeza dos acusadores e a ordem moral que preside a questão e que deve ser mantida. Assim sendo, nem canceladores aprendem com a experiência de cancelar, porque sua intenção é a de verem confirmadas as razões de seus atos, nem os cancelados podem avaliar com juízo reflexivo e crítico suas ações, porque necessitam se defender de situação-limite. O maior letramento advindo do cancelamento é apenas o aprendizado de que ele é abominável. Ao contrário de ser uma cura, o cancelamento é uma febre social da intersubjetividade.

O cancelamento é a imposição de responsabilidade linear e compulsória a outrem. Neste sentido, atua no mesmo horizonte da responsabilidade jurídica, mas sem cumprir o rigor do itinerário do Direito. Alguém é identificado como sujeito violador de uma moralidade, este alguém deve ser inexoravelmente punido: tal metrificação binária – ato/punição – é tanto a base de um legalismo pré-capitalista quanto da justiça sob forma mercantil. Em formas antigas, olho por olho, dente por dente; em forma moderna, crime/pena. Em ambos os casos, há relação entre fato e consequência, mas no campo da forma jurídica permeiam processos, ritos e procedimentos entre esses dois polos. Com o cancelamento, no entanto, dá-se uma torção das formas. Ele opera, dentro da sociedade capitalista, a imposição de responsabilidade a alguém, mas sob forma social pré-capitalista. A polarização se parece com a punição jurídica, mas o itinerário é regressista.

Desse movimento de punição não advém possibilidade de concreta reparação, alcançando as causas dos eventuais flagelos. A responsabilidade como mera punição opera como forma oposta à da responsabilização substancial. Sujeitos castigados não se tornam, por causa do flagelo, necessariamente engajados num processo concreto de engajamento e implicação subjetiva. Ao contrário, até mesmo por conta do castigo, tendem a prejudicar ainda mais sua própria interpelação em torno das situações de responsabilização. Ser punido é oposto a ser afetado, sensibilizado e levado à compreensão e à elaboração propositiva de situações tomadas como negativas. Também o cancelamento não permite responsabilização dos denunciantes nos casos em que a acusação é inverídica ou de má-fé. A denúncia que se alastra e dana a outrem se blinda de encarar seus próprios termos.

Formas dialogais, educativas ou ressocializadoras são modos de responsabilização dos sujeitos. Perfazem-se num processo intersubjetivo dialético. Já formas punitivas são modos de imposição de responsabilidade. Realizam-se num processo de autoridade, com vetores de sentido único. No primeiro caso, o sujeito se engaja em responsabilizar-se; no segundo caso, terceiros impõem penas ao sujeito, obrigando que venha a responder mediante a danação e o opróbrio. O cancelamento maneja a dor punindo. Não elabora sujeitos responsáveis, apenas produz sujeitos responsabilizados.

## 6.2 Acusadores e seus cuidados

Os acusadores, sujeitos canceladores que se apresentam como vítimas, narram violências e dores, esperando, a partir disso, pronta resposta contra seus imputados autores. Suas manifestações podem ter variadas naturezas: relatos verazes; mescla de fatos, induções, interpretações e reelaborações; mentira, perseguição e consecução de interesses escusos. Cada qual dessas naturezas revela específicos problemas e sintomas. A cada uma delas, ainda, impõem-se manejos e cuidados também específicos.

A todas as situações nas quais alguém se declara vítima buscando cancelamento de terceiros, há em comum a específica forma de exposição dos problemas e de reclame de encaminhamentos. Sendo justas suas causas ou não, sujeitos canceladores que se apresentam como vítimas tomam o espaço público como ambiente privilegiado de ação e de busca de reparação. Assim, suas dores esperam compartilhamento e enlaçamento distintos daqueles de uma resolução na própria vida quotidiana ou institucional. Não se trata de buscar amparo apenas em entes queridos, familiares, pessoas próximas ou mesmo de encaminhar fatos a instâncias burocráticas correspondentes ou a autoridades. A expectativa é de um enlaçamento social massivo em suas dores e reclames, além da danação social também massiva dos acusados.

Tal faixa específica na qual transita o cancelamento é sintomática de suas motivações subjetivas, revelando específicas características de personalidade. O sujeito cancelador que se apresenta como vítima demonstra menor interesse, força ou possibilidade de elaboração de suas dores mediante os dutos dos laços sociais imediatos e concretos. Em alguns casos, os canais familiares, de amizade, profissionais ou institucionais estão efetivamente bloqueados ou inacessíveis às formas de relacionamento tradicionalmente consolidadas. Em outros casos, eles existem, mas não são desejados. Busca-se, então, uma forma específica de lida com o sofrimento e o desejo, pretensamente mais rápida e intensa em suas conexões e resultados. O cancelamento é essa forma porque permite abrir distintas oportunidades de encaminhamento ou resolução de dores em dois aspectos: âmbito e método.

Quanto ao âmbito, o cancelamento expande o alcance daqueles a serem interpelados, ultrapassando ou deslocando os sujeitos da convivência imediata ou quotidiana. Com isso, intensidades emocionais se encorpam: manifestações massivas de apoio e solidariedade podem ser alcançadas; prestígio social pela condição de vítima pode ser construído. Quanto ao método, o cancelamento evita o enfrentamento direto dos fatos e seus atores. A denúncia e o opróbrio imediato dos alvos alteram o itinerário tradicional de resolução de dores e conflitos. Ao invés de se encaminhar pelo trâmite que começa na acusação, passa pela investigação, chega à decisão por terceiros autorizados e ao cabo leva à condenação, o sujeito cancelador encontra a possibilidade de uma forte e rara economia psíquica e social: a acusação leva imediatamente à condenação de terceiros, poupando sofrimentos, riscos, incertezas e incômodos

dos procedimentos investigatórios e decisionais institucionalmente estabelecidos.

Com isso, o cancelamento se revela um dispositivo redutor de complexidades psíquicas e sociais, inclinando sujeitos a privilegiá-lo como forma de encaminhamento de problemas, dores e desejos. Quando praticado reiteradamente com êxito, estabelece-se um rápido aprendizado social das possibilidades do dispositivo. Por ele, a acusação via de regra encontra respaldo e raramente se vê denegada. Assim sendo, o ferramental cancelador gera gozo imediato e quase sem riscos aos sujeitos que se apresentem como vítimas. Nos casos em que os fatos narrados efetivamente se deram e são uma chaga subjetiva aberta, o cancelamento economiza trâmites e sacia uma imediatitude. Nos casos em que há mesclas de fatos com interpretações, sugestões e projeções, ou mesmo em casos de interesses escusos, abrem-se campos garantidos de consecução de desejo e de gozo, sem maiores riscos em face da incerteza ou da má-fé.

O manejo psíquico do cancelamento, pelo ângulo do sujeito que se apresenta como vítima, passa por uma confrontação entre duas formas possíveis de vazão pessoal e expressão social: uma extasiante e outra elaborativa. O cancelamento organiza psiquicamente os sujeitos para momentos de gozo de êxtase, catártico, incomum e viciante. Já a resolução elaborativa é distendida, processual, envolvendo novamente o enlace entre gozo e sofrimento. Dada essa disparidade entre as formas, os sujeitos que se apresentam como vítimas tendem a se inclinar fortemente ao dispositivo cancelador.

O trabalho de repor o extasiante no elaborativo apresenta-se bastante difícil, quase tanto quanto aquele envolvendo o cuidado com vícios. Se socialmente o cancelamento é um dispositivo permitido e mesmo desejável, seu uso é dificilmente demovido por interpelações ao esclarecimento e à melhoria da vontade individual. Somente a superação social da legitimidade da forma de cancelamento pode gerar resultados materialmente consequentes. O cuidado com os sujeitos canceladores vítimas, assim, é dúplice. De um lado, o amparo e o perfazimento de redes imediatamente concretas que permitam a efetiva elaboração do problema e sua resolução, e não só a catarse da denúncia. De outro lado, a reelaboração política e social da própria forma do cancelamento. Enquanto tal forma for legitimada socialmente, sujeitos a ela se inclinarão por economia psíquica e extasiamento. A possibilidade de cancelar se abre como inclinação subjetiva tal qual o vício em jogos de azar: a chancela política e a legitimidade social de ambas ensejam dispositivos quase irrefreáveis a muitos sujeitos. O tratamento do cancelamento às vítimas é tanto pessoal e casualístico quanto político. O cancelamento é um problema de forma social. Demanda cuidados e manejos sociais.

Nos casos em que o sujeito que se apresenta como vítima tem grande veracidade em sua narrativa e exprime dores efetivas, somente uma elaboração consequente tem o dom de poder lhe encaminhar soluções materialmente concretas. Um manejo das demandas da vítima levando-a a caminhos de elaboração, com formas, dutos e tempos próprios, apresenta-se com todos os inconvenientes da dialetização e da processualização dos problemas, mas permite um maior alcance à materialidade das situações e a seus tratamentos. Ao contrário disso, o cancelamento congela e absolutiza a análise dos fatos, de suas causas e implicações. Assim sendo, o êxtase que permite é fugaz e não sustentado. A causa do problema é ignorada e continua a se impor como ferida não-resolvida. O cancelamento é espetacular, a elaboração processual dos problemas é consequente. Libertar a vítima dos êxtases do cancelamento é poder buscar sua efetiva cura.

Em situações nas quais o sujeito-vítima se debate com suas próprias interpretações, induções, sugestões, enviesamentos e imprecisões, o cancelamento é uma arma de fixação posicional que não permite um efetivo desvendamento da própria trama sintomal pungente. Ao afirmar a condição de vítima e danar a outrem, fixa-se uma narrativa que passa a ser reclamada e reiterada de modo absoluto e linear, implicando os sujeitos-alvo, a partir daí, inexoravelmente. O cancelamento sobrepõe-se à investigação e ao esclarecimento da veracidade daquilo que se manifesta como zona de possibilidade factual e de dor ao sujeito denunciante. O trabalho psíquico, assim, encontra ainda maiores barreiras ao seu exercício. O cancelamento capta uma situação potencialmente dúbia e impõe sobre ela apenas uma interpretação possível aos expectadores.

Quando as situações narradas pelo sujeito declarado vítima são falsas, desenvolvidas por má-fé pelo próprio agente ou até mesmo originadas de perseguições ou induções deliberadas de terceiros, o cancelamento então opera sua maior desgraça. Os polos de autor e vítima, aqui, se invertem. A propalada vítima é na verdade autora de um mal, e o réu é a vítima. Em tais hipóteses, a danação social recai exatamente em seus opostos materiais. O sujeito cancelador se sagra como vítima, recebe apoios e prestígio social; o sujeito cancelado, mesmo que proteste e busque provar sua inocência, carrega o opróbrio e o estigma social.

O sujeito cancelador que eventualmente se apresente como vítima, mas não o seja, dá vazão a muitos e distintos impulsos pessoais seus. Na chave menos dolosa, há o fluxo de mecanismos do inconsciente: desejo, fantasia, atos falhos, sonhos, resistências, transferências, repressões. Se alguém se apresenta como vítima por conta de tais manifestações e motivações inconscientes, então o cancelamento não lhe é nem um dispositivo consequente nem tampouco legítimo para lidar com suas dores. Ao contrário, reclamar-se-ia, aqui, o manejo psicológico e psicanalítico. Nessa situação, ainda que não dolosamente, o inconsciente pulsa desgraçando a outrem, urgindo revolvê-lo e cuidá-lo.

Na chave dolosa, o sujeito declarado vítima opera por má-fé, por interesse pessoal ou a mando ou soldo de outrem, movido por baixeza moral. Aqui, o cancelamento se revela o escoadouro e um agravamento das más inclinações de caráter. Podendo desgraçar a outrem e granjear apoios por uma falsa condição de vítima, os sujeitos canceladores reforçam, catarticamente, um gozo de satisfação pessoal, fruindo a danação de opositores ou alvos. Trata-se da variante subjetiva mais nociva de cancelamento, aquela que se lança abertamente ao lucro social ou ao gozo caprichoso. Como no capitalismo neoliberal pós-fordista o cancelamento se assentou como forma social legítima, então o cálculo desse lucro e desse gozo é uma hipótese à disposição geral dos sujeitos. A possibilidade de consecução do mal advém da própria forma social estabelecida.

Tratar de quem se declara vítima do cancelamento tendo por causa a má-fé é ingressar num âmbito de difíceis manejos subjetivos positivos. Se a mentira e a perseguição são os dispositivos de base das ações dos sujeitos, somente enlaçamentos que os ultrapassem serão capazes de dar vazão a elaborações consequentes. A franquia social ao cancelamento, no entanto, produz em massa situações nas quais os sujeitos acabam por se inclinar a tais dispositivos práticos de má-fé. Uma vez chancelada a forma, moldam-se socialmente as personalidades. As dinâmicas sociais balizam muito do caráter moral pessoal. Nos casos de má-fé, a ocasião produz o cancelador.

## 6.3 Linchadores e seus cuidados

Os linchadores, movimentadores de um maquinário social de cancelamento, apresentam distintos perfis em seus atos. Alguns tomam deliberada proatividade, e mesmo proeminência, na danação dos alvos. Outros, ao contrário, são caudatários; mimetizam comportamentos alheios. Há sujeitos que se jactam de sua iniciativa canceladora, outros se indistinguem da turba. Alguns, ainda, podem disfarçar seus propósitos insinuando o cumprimento de deveres, a aplicação de normas, o estrito exercício do múnus. Acerca dos propósitos, há linchadores movidos pela imediata emoção por destruir o que se apresenta como malefício; já outros revelam plena vontade de destruir alvos por prazer na desgraça alheia.

As múltiplas pulsões de distintos sujeitos linchadores advêm de variadas causas. No entanto, ao desaguarem em ações que tomam forma de cancelamento, tais agentes confluem suas motivações subjetivas diversas a propósitos e dispositivos de mesma natureza. As distintas e específicas razões dos linchadores passam a se moldar por caracteres psíquicos comuns e típicos unidos pela mesma disposição social grupal ou massiva. A posição subjetiva passa a ser repetível multiplamente mediante dois mecanismos: tipo similar de desarme e de reações em vários indivíduos; contágio.

Por conta de algumas disposições recorrentes em cada indivíduo e em muitos deles, o cancelamento se estabelece nas massas como mecanismo privilegiado de ação. Narcisismo e moralismo são as principais dessas disposições. Em sociedades capitalistas pós-fordistas, a ainda maior dependência da sorte individual nas relações econômicas faz com que traços narcísicos sejam majorados e exacerbados. Não se demonstrando opções concretas de mudança social, então a estratégia individual basilar passa a ser a inserção dentro do sistema. Para que isso aconteça, os sujeitos operam distinções e valorações nítidas, qualificando-se a si próprios e desqualificando terceiros. O anúncio de situações que levam a cancelamento interpela sujeitos para reiterarem suas virtudes e desgraçarem os desvirtuosos. Um padrão narcísico ampliado, reiterado e recorrente faz com que as respostas pessoais sejam majoritariamente uníssonas: baixa alteridade e alta exigência moralista a outrem.

Além de ser grupal e massivo por conta de disposições psíquicas individuais constituídas de modo comum e reiterado – narcísicas e moralistas –, o cancelamento se movimenta também por contágio. Aqui, as práticas sociais e o exercício de danações, desgraçamentos, contrastes morais e reafirmações da ordem tanto dão ensejo a serem feitos por outros sujeitos quanto lhes reforça o ímpeto de proceder em semelhança aos demais. Oportunidade, intenção de agrupar-se e ser reconhecido pelo grupo ou pela massa e medo de ser desqualificado em caso contrário são mecanismos que perfazem o contágio social do cancelamento. Soma-se, a todo esse quadro, a catarse permitida e gerada, individual e socialmente, pela própria dinâmica canceladora. Doses expressivas e intensas de gozo e êxtase no desgraçamento alheio e no compartilhamento grupal/massivo de afecções são experiências intensas e infrequentes, raramente alcançáveis.

As pulsões individuais e os mecanismos coletivos que engajam sujeitos ao cancelamento são de difícil manejo devido ao caráter inexoravelmente ambíguo e contraditório de suas razões. A barbaridade operada contra terceiros se funda exatamente em pretensos combates à barbaridade. O malefício da desgraça alheia se pensa como imposição da moral e reiteração do bem. A ausência de alteridade quanto aos alvos se dá pela suposta imediata alteridade com os demais canceladores. Em tais situações, via de regra repentinas e no calor do espetáculo, não há armas de discursividade racional que ensejem esclarecimento aos sujeitos linchadores. Seu mal é tido como um bem. Sua ausência de compaixão com o alvo é considerada compaixão com a vítima ou com a sociedade.

Desse quadro complexo resulta, então, uma quase ineficácia do clamor à racionalidade, a esclarecimentos ou a melhores moralizações voluntárias. Enquanto fenômeno grupal e de massas, o linchamento e o cancelamento são constituídos, moldados e jungidos na esfera do inconsciente. Portanto, o decisivo no combate à propagação da perseguição a outrem não está no pleito por bom-senso ou por melhor educação comportamental dos linchadores, mas nas forjas das inclinações dos sujeitos, que aqui tomam proeminência por conta da vazão às pulsões características dos movimentos sociais de danação. O lastro ideológico de cada indivíduo, a história de suas experiências e práticas e sua base pulsional de desejo e repressão escrevem as razões profundas que podem levá-lo ao linchamento e ao cancelamento.

No fundamental, o cancelamento advém de forças e pulsões de condenação moral. Os sujeitos canceladores – tanto os que se reputam vítima, acusadores, quanto os linchadores – manifestam rejeição a atos, comportamentos, inclinações, situações, indícios, relatos ou traços de narrativa envolvendo outrem. Quando esse conjunto de referências a terceiros não se esgota na expectativa de cumprimento de investigações e decisões por autoridades e instituições competentes, levando, ao contrário, a uma ativa e intensa mobilização, dá-se, então, uma expressiva interpelação do sujeito em face de seu próprio desejo. Como os ímpetos desejantes se impõem inconscientemente e o sujeito não pode admiti-los nem lhes dar vazão racional adequada, então é necessário jogá-los, lançá-los para fora de si, situá-los em terceiros, isolá-los, demarcando a diferença entre si e outrem. A rejeição moral fala mais do cancelador que do cancelado.

O processo pelo qual alguém é cancelado, perseguido ou levado a opróbrio deve-se à insuportabilidade, pelo cancelador, do gozo desse outro. Narcisicamente, não se suporta que alguém goze o que o sujeito cancelador não goza. No inconsciente, as esferas do imaginário estabelecem expressiva interpelação subjetiva ao acusador e ao linchador: a imagem do outro deve ser combatida, sua glória conspurcada, sua dignidade retirada. Trata-se de uma investida contra o *status* de outro ser humano, sua reputação, sua condição social. Além da interpelação do imaginário, há também uma dificuldade de manejo do real: a ausência, o vazio, a incapacidade de representação, a perda e a angústia, sintomas do sujeito cancelador, sem conseguirem se exprimir nem encontrando forma ou canais de vazão, transformam-se em danação a terceiros.

Exatamente porque lida com incapacidades de expressão do inconsciente, ou com processos narcísicos de insuportabilidade do gozo do outro, o cancelamento, conforme os termos do pensamento de Jacques Lacan, poderia ser tomado como a mobilização de esferas de ignorância (real) e ódio (imaginário) do cancelador. Tais caracteres se manifestam por verticalidades, ascendências impositivas, inflições e castigos a outrem, exercício discricionário de poder, blindagem à alteridade ou ao diálogo, unidimensionalidade comunicacional ou decisional. O cancelador identifica, determina, rotula, decide e dana. O outro deve sofrer e ser alvo, sem dialeticidade. O cancelamento, assim, tem os mesmos traços psicanalíticos do fascismo.

No cancelamento, o sujeito não busca reelaborar sua ignorância e seu ódio, porque não encaminha um labor no inconsciente de retorno de recalques neuróticos. Sem estabelecer mediação simbólica mediante sonhos ou atos falhos, o sujeito lida com esferas do imaginário e do real e as encaminha nas formas de cancelamento: o outro é o problema, a resolução se faz pela destruição de algo ou alguém que estejam fora do sujeito, que lhe sejam alheios. Se na psicose o sujeito faz a perseguição a si, no cancelamento ele faz a perseguição a outrem. A psicose opera no simbólico, mediante linguagem, regras, posições do sujeito em face dos demais sujeitos. Já o cancelamento opera no real e no imaginário. Não se trata de reelaborar o laço ou a comunicação com o outro, mas de destruí-lo.

O cancelamento é uma operação de desenlace do sujeito com outrem, não de reestruturação de vínculos. Há, aqui, o impacto da violência da destruição social. Se o cancelamento se faz mediante dispositivos permitidos e bastante estandardizados e, ainda, facilitado por dinâmicas de propagação, então os tratamentos do problema dos sujeitos canceladores se revelam necessariamente sociais. O manejo do linchamento começa por compreender seu caráter eminentemente massivo. Aqui, despontam duas esferas de intervenção: de um lado, a própria formação dos arcabouços da subjetividade e de seus dispositivos tornados mais frequentes; de outro lado, os aparelhos que ensejam a propagação grupal ou massiva.

A constatação de uma exacerbação social ainda maior do narcisismo é frequente desde o início do pós-fordismo. Christopher Lasch, dentre outros, foi um dos constatadores e popularizadores de tal situação. A base imediata desse ressalto narcísico é o próprio pós-fordismo enquanto regime de acumulação e modo de regulação lastreado em reclames mais individualizados na organização do trabalho, predomínio dos serviços sobre as plantas industriais, desestruturação de proteções sociais e aumento de repressão penal. Ocorre que, mediatamente e de forma ainda mais decisiva, o narcisismo é um dado intrínseco ao próprio modo de produção. O capitalismo é o substrato de uma forma de subjetivação calcada fundamentalmente em expressiva individuação e em específicas diferenciações e coesões do indivíduo com o todo social. Subjetividade jurídica, propriedade privada e relação intersubjetiva mediante contrato são padrões inexoráveis ao modo de produção.

Por conta disso, no capitalismo os sujeitos se constituem necessariamente a partir de uma sociabilidade concorrencial e de disputa. Exploração, dominações, opressões e perseguições são seus modos básicos de enlaçamento com outrem. As experiências e práticas subjetivas e as pulsões de gozo e morte tomam forma de antagonismo com outros sujeitos. O dispositivo que leva os indivíduos à maldade em presunção de exercício de um bem e à falta de alteridade com os alvos por conta de uma suposta alteridade com as vítimas e de gozo no linchamento é eminentemente social. Os níveis de saúde mental, convivência, moralidade e agravamento ou superação das predisposições ao cancelamento não advêm apenas de processos do sujeito consigo próprio. O que conduz indivíduos à danação de outros é um conjunto de formas de sociabilidade. Somente a transformação de tais formas permite outro manejo dos sujeitos, mediante a eventual mudança de modos de arranjos intersubjetivos, inclinações, latências e valores relacionais.

Além disso, há o papel dos aparelhos ideológicos. Por conta principalmente do modo pelo qual se estabelecem as relações sociais, mas subsidiariamente também por seus específicos mecanismos tecnológicos, tais aparelhos têm peso decisivo na propagação grupal e social do cancelamento. Linchadores podem ser instigados, insuflados, pautados, heroicizados, louvados e prestigiados ao assumirem comportamento similar ao da coletividade. As mobilizações se fazem, recorrentemente, por meios de comunicação de massa e instituições como a família, a religião, a universidade, os poderes públicos. Aparelhos ideológicos assumem facetas promotoras de repressão a outrem e repressivas a quem nesses atos não participar, de tal sorte que, por clamor positivo ou por temor de decorrências negativas, práticas linchadoras e canceladoras se impõem socialmente.

No caso dos aparelhos de propagação do cancelamento, sua existência e suas disponibilidades são os âmbitos centrais a serem manejados. O controle dos aparelhos determina também a possibilidade do linchamento ou sua limitação. Neste campo, são relações de poder que dão incentivos ou freios à expansão das atividades canceladoras. A pulsão por usar os aparelhos ideológicos só pode ser eficazmente curada, assim, por intervenções na própria aparelhagem e em seu poder. O tratamento dos sujeitos linchadores é político. Sua inclinação inconsciente e pulsional para cancelar é moldada socialmente. Os cuidados com os sujeitos linchadores são, acima de tudo, reclames à transformação da produção social dos sujeitos e de suas relações.

## 6.4 Cancelados e seus cuidados

Nas situações de cancelamento, são os sujeitos alvejados os mais demandantes de cuidados. Na prática, contudo, são os menos tratados. Costuma-se não dar legitimidade social aos seus reclames ou às suas necessidades. Aos cancelados, exatamente por serem objeto de opróbrio, suas demandas não são consideradas válidas ou oportunas. O cancelamento é um castigo social, busca o oposto do cuidado. Até aqui, não se estabeleceram suficientes saberes e práticas em torno do cancelado.

O cancelado é vítima absoluta de um processo cuja forma é inquisitorial. Se sua condição é a de efetivo autor de fatos negativos ou a de perseguido de modo injusto, não importa: em ambas as situações, a danação que sofre é inaceitável. Se realizou concretamente malefícios a outrem, as formas processuais de apuração, condenação e pena lhe são afastadas, trocando-as por modalidades de imediato linchamento social. Se é uma total vítima e sofreu perseguição, as mazelas impostas então são bárbaras, irreparáveis e, mesmo, irreversíveis. O único imperativo ético possível quanto ao cancelado, e o principal manejo reclamado a ele, é o de que não sofra cancelamento. Em sofrendo, que o cancelamento seja cancelado.

Nas situações nas quais o cancelado é efetivamente sujeito causador de malefícios ou crimes a outrem, a forma do cancelamento impede a justeza da apuração e do julgamento, bloqueando, além disso, elaborações consequentes de suas práticas. O cancelado sente suas condições subjetivas sendo atacadas de modo violento, sem que possa ponderar suas próprias razões para os comportamentos de que é acusado, sem que possa apresentar sua versão dos fatos, sem que consiga se fazer ouvir de modo não espetacular. O sentimento de desmoronamento das condições de vida leva a reações plenamente defensivas: negações peremptórias, silêncios por conta da ineficácia da argumentação, cuidados demandados mais para a sobrevivência que para o enfrentamento das próprias acusações. A responsabilização não se delineia com justeza, de tal sorte que o próprio acusado não consegue lidar com seus termos. Cancelados que tenham realizado efetivas ações danosas a outrem não elaboram suas práticas nem se implicam na reparação dos males cometidos; são castigados inquisitorialmente.

Nos casos de cancelados que sofreram distorção de fatos ou práticas a si atribuídos, há uma disputa interpretativa que requer, de sua parte, grandes doses de empenho para se posicionar. Contudo, para isso, o cancelamento lhes exaure as energias necessárias. O uso de aparelhos ideológicos de massa também impede a apresentação eficaz de suas versões dos fatos. Sendo um fenômeno massivo, o cancelamento só consegue ser interrompido ou combatido com comunicações também massivas em sentido contrário. No entanto, o manejo midiático dos casos tende a ser acusatório, unilateral e espetacularizado. Os cancelados não encontram mecanismos suficientes para reposicionar os próprios temas e as situações em disputa.

Quando se trata de alvos constituídos deliberadamente por outrem, caprichosamente, mediante perseguições ou propósitos de assassinato de reputação, os cancelados são levados às experiências absolutamente extremas. Muitas vezes os cancelamentos advêm de situações fabricadas, induzidas, valendo-se de mentiras ou distorções flagrantes. Ainda há mecanismos de acusação mediante anonimato, que impedem defesa específica e danam de modo arbitrário. O capricho destruidor atravessa os cancelados sem que haja possibilidade de elaboração causal. A sensação de perseguição abre dolorosas feridas psíquicas e gera consequências irreparáveis. A fragilidade humana é exposta a níveis exacerbados: não foram práticas, condutas ou inclinações que levaram à danação, mas abertas perseguições. O sujeito-alvo sente-se desgraçado por plena deliberação alheia. O capricho de terceiros sela o destino de sua vida.

Nas três situações – sujeitos cujas práticas possam ser consideradas materialmente ignominiosas; sujeitos cujas práticas foram distorcidas; sujeitos vítimas de abertas perseguições –, o cancelamento leva a condições extremas de sofrimento psíquico e de perecimento dos laços de sociabilidade. Via de regra, o cancelado não é apenas admoestado, nem só parcialmente combatido: a danação se espraia pela totalidade de sua vida. A perda de imagem e de reputação se faz acompanhar pelo abalo dos laços familiares e das relações com entes queridos e amigos, macerando ainda as condições de trabalho e de ambiência social, institucional, religiosa, cultural, política e econômica. De modo bastante rápido ou mesmo imediato, as formas de subjetividade se esgarçam ou são destruídas. Deriva disso uma falência de sua intersubjetividade e uma falência de si.

A destruição abrupta, intensa e total das condições subjetivas, sociais e de vida do cancelado pode ser tipificada como colapso. O abalo psíquico totalizante do sujeito experimenta-se quando a ocorrência de destruições, perdas e vazios lhe impõe e demonstra a vastidão de suas impossibilidades. Um sujeito colapsa ao viver a impotência surgida de eventos ou acontecimentos, desestruturando seus desejos e fantasias, impondo-lhe severas repressões e perturbando gravemente sua economia psíquica e seus dispositivos de valores e compreensão de mundo. Tal impotência é notavelmente percebida nas suas relações intersubjetivas: os vínculos e laços sociais se esgarçam violentamente, de tal sorte que condições familiares, de amor, de afeto, de amizade, de emprego, de imagem e de reputação se contundem e perecem sem que haja possíveis e imediatos manejos reparadores.

O quadro extremo e totalizante das condições psíquicas e sociais do sujeito conduz, frequentemente, a ideações suicidas. O colapso advindo do cancelamento é, em muitos casos, uma luta pela sobrevivência, dada a devastação subjetiva com que o cancelado se defronta. Cuidados imediatos e constantes se impõem no que tange à confrontação com a morte, desde diálogos francos acerca do tema a demonstrativos de esperança de que a manutenção da vida permitirá a reposição da verdade e da dignidade do sujeito. No extremo do colapso, o manejo impõe a escuta sincera das dores insuportáveis do cancelado, além de seguidos delineamentos que levem ao vislumbre de cenários de esperança. Os cuidados com o cancelado podem requerer, ainda, a presença diuturna de entes queridos, apoiadores ou cuidadores a fim de que ideações suicidas não se concretizem.

Dado o massivo ataque midiático e social, o cancelado passa a receber informações sequenciais de destruição de sua imagem e reputação. Pessoas próximas, distantes, outras até então desconhecidas, além de autoridades, jornalistas, comentadores e influenciadores fazem juízos de valor privados e públicos a respeito de sua vida e das situações geradoras de cancelamento. A dor e a angústia advindas da destruição imagética clamam por manejos imediatos. Para evitar a saturação insuportável, impõe-se, aqui, a alienação estratégica das informações. O grupo de apoio ao cancelado deve preservá-lo de uma exposição direta às publicações e ao que se fala a seu respeito, dando-lhe apenas as notícias necessárias para sua própria diretriz pessoal e para a condução dos aspectos principais de sua resistência e combate. Não se deve poupar o cancelado de tomar as decisões necessárias nem de sua autonomia, mas, também, não se deve torturá-lo psiquicamente com as minúcias dos ataques e das perdas relacionais e de reputação. Tal alienação estratégica é uma forma de contenção temporal da exposição do cancelado à sua degradação social, permitindo que venha a se inteirar melhor da extensão dos danos quando mais fortalecido.

Além de lidar com a violência imediata, os manejos se desdobrarão pelo tempo do cancelamento, diferido. De forma abrupta, as condições de vida do cancelado se alteram substancialmente, de tal sorte que múltiplas ações são requeridas por um vasto arco de temporalidade. O apoio ao cancelado deverá ser intenso por longo período, e, também, demandará ser qualificado. Os problemas advindos do cancelamento são intrincados, requerendo eventualmente medidas advocatícias, porque resultam do abalo da estrutura de vida do cancelado e dos vínculos sociais que até então lhe sustentavam. A destruição ampla de tais liames e apoios faz com que múltiplas perdas ocorram simultaneamente, demandando, do cancelado, reações às quais ele não está acostumado. Energias psíquicas são exigidas a fim de combater e lidar com questões pessoais, técnicas, burocráticas, jurídicas, econômicas, políticas, imagéticas. O enfrentamento é necessário exatamente quando a disposição subjetiva se encontra em um momento de grave exaurimento. Muitas vezes, o cancelamento é a experiência mais negativa da história de vida de um sujeito; não há memória anterior para o enfrentamento do colapso.

Com o cancelamento, vínculos são rompidos, mágoas e decepções avultam, traições e abandonos afetivos são sentidos. Além das condições objetivas desgraçadas, o colapso representa também perceber e absorver múltiplos traumas e perdas dos laços pessoais. O campo dos afetos é decisivo nas dores dos cancelados e nos cuidados daí reclamados: o colapsado enfrenta o desmoronamento da complexa tessitura das relações de pertencimento, acolhimento, reconhecimento e trocas emocionais. Sentimentos de perda de vínculos pessoais se somam a concretas situações de desalento. Além disso, embora todos os sofrimentos afetivos advindos do cancelamento se apresentem de modo concomitante e por conta da mesma causa imediata, eles guardam variadas historicidades anteriores e ecoam distintas expectativas, contradições e dores de cada relação interpessoal abalada. O sujeito cancelado, no colapso, se defronta com uma multiplicidade de razões e interpelações em torno de sua desgraça afetiva.

Psiquicamente, o cancelamento encaminha o colapsado à defrontação com a culpa. É acusado; grupal ou massivamente afirmam sua culpa; as instituições muitas vezes a chancelam; os meios de comunicação a espetacularizam. O cancelado percebe a mudança social de sua imagem: passa a assumir que os demais o tomam como culpado. Conflitos internos explodem, na medida em que a culpabilidade externa ecoa conflituosamente na própria autoculpabilização. A desconexão substancial entre a leitura que o sujeito cancelado faz de si e aquela feita pela sociedade é causa de agudos conflitos psíquicos. Em casos de inocência do cancelado, há um exaurimento existencial quando da percepção de culpa socialmente generalizada contra si. As dores do cancelamento são um encontro com a incomunicabilidade. Sociedade e cancelado se dissonam; duas perspectivas opostas se apresentam, a social ferindo a individual.

O cancelamento é algo equivalente à doença no que tange à restrição das disponibilidades do sujeito. Diferencia-se concretamente desta, no entanto, pelo laço social gerado. A doença tende a produzir compaixão e amparo ao doente. O cancelamento tende a produzir repulsa e castigo ao cancelado. Por isso, o cancelamento é uma espécie de efeito de doença sem o laço de alteridade que lhe corresponde. Na filosofia da saúde de Georges Canguilhem, a doença é a diminuição qualitativa de vitalidade. O cancelamento faz o mesmo no plano psíquico. Trata-se de um quadro patente de perecimento subjetivo, mas desejado e realizado socialmente por terceiros. A doença encara uma desgraça da natureza; o cancelamento, a desgraça caprichosa e voluntária promovida por outrem. Ao cancelado, sua dor da alma nem consegue se manifestar plenamente, dada a devastação das condições apresentadas, e também nem consegue encaminhar expedientes de resolução. Assim sendo, o colapso se apresenta ao sujeito como a impossibilidade de elaboração suficiente e consequente. A qualidade da vida decai; em algumas ocasiões, eclodem até mesmo doenças. Muitas vezes, toda a existência a partir do momento do colapso passa a ser a latência de sua dor, como um luto que não se supera porque os laços nem voltam nem se reconfiguram suficientemente.

A tradição da psicanálise de Donald Winnicott – chegando até a pensadores atuais como Christopher Bollas – é a que mais tomou o colapso como problema a ser elaborado. Algumas das conceituações e ferramentas psicanalíticas winnicottianas, tais quais as de ambiente facilitador e de "segurar" (*holding*), aplicam-se em linhas gerais às situações de colapso. O cancelado, perdendo o contexto geral de sua sociabilidade, necessita encontrar amparo em ambientes que o possam proteger, fortalecer e, eventualmente, construir objetos ou situações transicionais que permitam a reconstrução de laços sociais mais amplos e dinâmicos. A partir desse ambiente facilitador, segurar o cancelado em sua queda representa forjar identificação com o colapsado, trabalhando e erigindo dinâmicas funcionais nas quais os laços sociais possam ser reconstruídos. Amparar o cancelado é trabalhar socialmente por e com ele (*casework*). Aqui, os tratamentos no campo psi se juntam ao serviço social, buscando formar uma cadeia de ambiente facilitador. Múltiplos labores são reclamados – de especialistas, entes queridos, apoiadores e cuidadores – para manejar a situação-limite do colapso.

O colapso é uma combinação de flagelos intensos e violentos, que levam à diminuição da qualidade vital-relacional, e extensos quanto aos efeitos no tempo. Por isso, o sujeito cancelado colapsado demanda cuidados intensos por tempo extenso. A exigência de intensidade e vasta amplitude temporal é desgastante aos próprios cuidadores. Os efeitos do colapso não se esvaem naturalmente nem se resolvem com contra-acontecimentos, de tal sorte que os tratamentos em favor do cancelado requerem atenção e qualidade, além de constância por longo período. Dada a complexidade do abalo psíquico e social, o cuidado com o cancelado é necessitado de perseverança. Em alguns casos, há a tendência de que o colapsado vá perdendo a frequência e a intensidade do apoio que eventualmente angariou logo quando da eclosão do cancelamento, muitas vezes por esgotamento psíquico ou das disponibilidades dos próprios cuidadores quando demandados por longo tempo.

A imediatitude e a intensidade da violência reclamam intervenções concomitantes aos fatos, logo no seu presente. Mas, para além disso, o sujeito colapsado, ao olhar de modo prospectivo, para a frente, depara-se com o desalento. Seu futuro se apresenta incerto e constrangido, pois se modificou substancialmente. Suas rotinas, suas práticas, seus hábitos, suas relações pessoais, sua profissão, seus projetos e sua imagem social foram, muitas vezes, drasticamente alterados. Tal mudança é um rebaixamento das disponibilidades vitais, uma espécie de *capitis deminutio* da sociabilidade. Ao cancelado, seu colapso é também um confronto com a estimativa de suas perdas. Impõe-se a constatação das impossibilidades onde, até então, havia possibilidades. Trata-se de uma violência contra os projetos, as fantasias e o desejo do sujeito. Elaborar a perda e requalificar o desejo é tarefa central do cuidado nessas situações. O cancelado colapsado demanda, se não a retomada da esperança que o organizava, ao menos o amparo na construção de alguma esperança.

O cuidado com o sujeito cancelado é-lhe o apontamento e a construção da possibilidade. A busca de sentido passa a ser central na resistência quotidiana do colapsado. Se seu modo de vida e seus projetos são esgarçados, suas motivações se deslocam de seu eixo tradicional. Em tal abrupta mudança, o cancelado muitas vezes perde seu sentido existencial. Difíceis costuras são demandadas a fim de alicerçar e manter seus interesses pessoais imediatos e seus objetivos de perseverança – sejam estes diretamente interpessoais no que tange à família, aos amores, aos entes queridos; sejam sociais gerais enquanto propósitos de luta e de participação ou inscrição na história. A abertura de motivações outras, requalificadas ou novas, pode servir de amparo para que o colapsado sustente sua resistência. O acolhimento ao cancelado é, então, tanto a busca de abrir possibilidades materiais concretas em seu favor quanto o auxílio para que consiga reelaborar seu sentido psíquico, social e existencial.

As duas ordens de dores do cancelado, de um lado, frustração de expectativas, desejos e fantasias, de outro lado, imposição de destruição pessoal, clamam por lidas objetivas e subjetivas em uma realidade desgraçada. O colapso é uma espécie de caso atomizado e individual do que são, em plano orgânico e social, situações como as de guerra, tragédias, genocídios ou manipulações e dissonâncias psicológicas de massa. Tais situações guardam, em comum, seu caráter de devastação múltipla. Com isso, no plano objetivo, os cuidados com o cancelado se apresentam difíceis, porque enfrentam um movimento contrário propagado. No plano subjetivo, a contradição entre a sociedade e o cancelado se apresenta, para este, como a angústia da impossibilidade.

Tratar da angústia do cancelado colapsado é lidar com as dores de seu desejo. Elaborar, qualificar, moldar, retificar ou sustentar o que se busca ou o que falta ao sujeito é o modo de ampará-lo no campo psíquico. A angústia é próxima do desejo. O colapso é o extremo da angústia, e em face dele é preciso buscar, construir ou reconstruir extremamente o desejo de vida.

# CAPÍTULO VII

# O FUTURO DO CANCELAMENTO

## 7.1 A força do cancelamento

São absolutamente patentes as mazelas do cancelamento. Sua forma nociva não é só ineficaz à melhoria social: é impeditiva às elaborações de condutas e às responsabilizações consequentes. Além disso, é uma ação indigna, pois devasta os cancelados psíquica e socialmente. Em seu modo, sua estratégia e seus resultados, esse conjunto de práticas e fervores moralistas recende a Inquisição. É um imperativo do tempo presente a luta pela sua cessação.

Mesmo assim, o cancelamento apresenta uma tendência à expansão. Nas sociabilidades do capitalismo em crise, o cancelamento é tanto um canal de escoamento de frustrações pessoais quanto, também, uma forma considerada legítima de ação. Encaminha os difusos sintomas de submissão à exploração, à dominação e à opressão para dutos fáceis e resoluções ao alcance da imediatitude da vontade individual. Seus dispositivos são legitimados socialmente, envolvidos inclusive em aura progressista. A atual decadência das possibilidades materiais dos sujeitos não se orienta à mudança do modo de produção, mas à flagelação responsabilizadora de indivíduos isolados e especificados, de tal sorte que uma distribuição ampliada de dores e sofrimentos pudesse aplacar o sofrimento de cada qual. O cancelamento é uma trilha labiríntica apresentada e consolidada quando as classes exploradas e os grupos dominados e oprimidos não se põem a encontrar estradas revolucionárias.

A reprodução capitalista pós-fordista, neoliberal, necessariamente impulsiona ainda mais as formas de punição e controle. O encarceramento em massa é o símbolo mais destacado dos efeitos das sociedades que trocam pálidas políticas distributivas e/ou de bem-estar social por concentração ainda maior da acumulação. E, no mesmo sentido, o cancelamento é par do encarceramento. Enquanto este opera a regulação social mediante a penalização e a exclusão das classes e grupos à margem do sistema econômico, o cancelamento opera a regulação concorrencial entre indivíduos. O desgraçamento do cancelado é um mecanismo de reposicionamento relativo da desgraça vivida pelo cancelador. O encarceramento em massas é o atacado institucional repressivo da organização social e estatal capitalista contemporânea; o cancelamento é o varejo intersubjetivo.

Dada a natureza da regulação capitalista pós-fordista, a crise não lhe é inoportuna; é, antes, sua forma privilegiada de acumulação. Por isso, a repressão não é um acaso indesejável. Acima de tudo, ela é um dispositivo necessário para a manutenção da exploração. O capitalismo tem na crise não uma excepcionalidade, mas uma regra. Por todo o modo de produção capitalista e mais fortemente desde os anos 1980, com o regime de acumulação e o modo de regulação pós-fordistas, a competição social, institucional, empresarial e individual se mantém e aumenta. Repressão penal como política geral e destruição de imagens e reputações alheias como política específica são derivados inexoráveis das formas de sociabilidade.

Além disso, a repressão institucional gera uma economia interna em expansão que garante, reforça e sustenta seu dinamismo. O Direito Penal, o aparato policial e militar e as prisões formam um sistema. De igual modo, o cancelamento já se estabeleceu como um campo de lucro e acumulação. Se do lado da repressão institucional há armamentos, polícias, exércitos, guerras, prisões, do lado do cancelamento há ONGs, empresas, universidades, meios de comunicação. Quando há a confluência entre uma estrutura geral repressora e competitiva e uma economia interna que busca se manter e se expandir, dá-se uma tendência pelo desenvolvimento de práticas como as da repressão penal e do cancelamento. Agentes punitivos penais ganham força, votos e formam opinião no que tange às massas pauperizadas; agentes do cancelamento ganham força, votos e formam opinião nos círculos liberais progressistas de onde se originam. Interesses materiais já dados e em jogo constituem a força de seus dispositivos. Quando as formas de exploração e domínio social encontram meios que facultem sua expansão, e quando esses meios também ganham interesse econômico e poder próprio, então inexoravelmente tendem a se expandir. Por isso, em face de tal quadro, o cancelamento prosperará.

Por mais bárbaros que sejam os métodos do cancelamento, ele representa uma forma de um modo de produção e de seus específicos regimes de acumulação e regulação. Assim sendo, ele não é contraditório com seu tempo histórico: antes, é-lhe exatamente expressão. Sua força advém de sua plena aderência à reprodução social dada. A inquisição, por mais horrenda e moralmente repugnante já em seu tempo, era aderente e funcional ao absolutismo e à manutenção do poder eclesial. Foi menos a luta moral e mais a crise e o fim do antigo regime que levaram à superação da Inquisição. O cancelamento só acaba com o fim da concorrência estrutural entre todos, que na atualidade, ao contrário, está exacerbada, porque expressão de uma competitividade em crise. Daí, dadas as formas do capitalismo e o seu arranjo presente, o cancelamento tende não só a se manter, mas a se expandir.

A luta contra os dispositivos de imediata conexão entre acusação e danação, além da denúncia ideológica dos horrores do cancelamento, tem algum papel político, social e cultural. Mais decisivo, no entanto, é a disputa da materialidade das condições sociais e de sua reprodução. Em havendo exploração, dominação e opressão, há repressão; em havendo apropriação privada, competitividade, individualismo e lucro na distinção, há cancelamento. Apenas o fim do feudalismo foi o fim da Inquisição; apenas o fim do capitalismo será o fim do cancelamento.

## 7.2 Cancelamento e *lawfare*

Os instrumentos de perseguição sempre se valeram da política e das instituições estatais. O ideal de um regime de legalidade não se cumpre plenamente nas sociedades capitalistas. Estado e Direito são aparatos de poder e suas relações são de imposição, manipulação e seletividade. Daí, em toda a história da política contemporânea, o Direito tanto foi atravessado pelos interesses quanto é ele mesmo um mecanismo pelo qual interesses atravessam a sociedade. A legalidade comporta, como elemento inexorável, a exceção. O Direito não salva da perseguição: antes, é um de seus instrumentos privilegiados.

Não se trata de considerar a exceção um resíduo ocasional ou indesejado da regra. A legalidade não é um padrão continuamente alcançável do qual a exceção seja uma falha, uma espécie de queda moral dos juristas. Relações sociais tanto dependem das normas jurídicas quanto delas tendem a se afastar. Só há capital e contrato mediante forma jurídica e forma política estatal. Como desenvolvo em *Estado e forma política* (Boitempo, 2013), estas se conformam para impor um regime de reprodução social segundo a legalidade. Sujeitos de direito transacionam; o Estado, como sujeito terceiro, impõe-lhes uma dada ordem pública. Mas esse conjunto de formas é atravessado pelas classes e pelos variados poderes e pelas hierarquias sociais. A política, a geopolítica e os interesses concorrenciais – sejam empresariais ou pessoais – manejam o Estado e o Direito.

No início do século XXI, alguns usos seletivos e estratégicos do Direito como arma de competitividade empresarial, política e geopolítica configuraram um tipo específico de dispositivo de poder, conhecido por *lawfare*. Em diferença das tradicionais manipulações do Direito e da legalidade, circunstanciais ou difusas, no *lawfare* há uma ação sistemática em busca de finalidades específicas. Escapa-se do campo das disputas quotidianas para alcançar grandes movimentos empresariais, políticos e geopolíticos. Para além da mera concorrência econômica ou política, estabelecem-se oposições, organizando o poder como uma relação entre amigo e inimigo.

Tal fenômeno representou uma arma de grande impacto em variados países, via de regra sendo utilizada contra governantes de tendências à esquerda ou contrapostos a grandes interesses econômicos. A característica política mais decisiva do *lawfare* foi a de ter sido um instrumento decisivo e privilegiado no campo da geopolítica em favor de interesses do imperialismo. No Brasil, o impeachment de Dilma Rousseff e a chamada Operação Lava Jato, que redundou na prisão de Lula da Silva, são dois de seus exemplos mais decisivos e simbólicos em escala mundial. Tais movimentos foram feitos sem golpes de Estado declarados, sem estabelecer contínuo estado de exceção nem decretação de estado de sítio ou figuras correlatas. De outro lado, foram maiores que meros ativismos judiciais circunstanciais. Deu-se uma sistemática investida jurídica e política contra seus alvos. E, no contexto do *lawfare* e com ele, alcançou-se um expressivo grau de guerra híbrida. Induções de informações, distorções e direcionamentos comunicacionais, apelos morais e religiosos e disputas culturais atravessaram e se valeram do *lawfare*.

Conforme a crítica ao *lawfare* se expandiu e a denúncia contra seus métodos se consolidou, permitindo algumas resistências e combates a seus engendramentos e efeitos, sua legitimação e sua eficácia – ao menos no nível simbólico – declinam. A tomar o Brasil como um de seus palcos privilegiados de ação, o *lawfare* se expande nos meados da primeira década dos anos 2000, com o caso Mensalão, e perde substancial legitimidade com a reversão parcial dos efeitos da Operação Lava Jato, no início da década de 2020. É exatamente nesse período de relativo declínio da força do *lawfare* que se apresenta, então, o cancelamento como nova arma de ação política, geopolítica e de guerra híbrida.

Os movimentos de cancelamento direcionados a alvos destacados, com imagem pública assentada e, em muitas vezes, com grande reputação, tomam corpo em especial nos EUA, movendo-se logo em seguida para a Europa e outras regiões do mundo. Questões raciais e de sexualidade tornaram-se seus temas mais relevantes e reiterados. Artistas e intelectuais, frequentemente do campo progressista, foram seus principais alvos. O cancelamento prosperou no ambiente do neoliberalismo progressista, acolhido e se movendo por grandes empresas, partidos e movimentos de cunho liberal, distintos tanto do reacionarismo quanto de lutas socialistas ou revolucionárias. Assim, tal qual o *lawfare*, o cancelamento também se alinha com movimentos empresariais, políticos e geopolíticos do capitalismo e do imperialismo. Evoluiu rapidamente para ter por alvo personagens do mesmo ambiente e do mesmo perfil daqueles perseguidos pelo *lawfare*. O cancelamento e o *lawfare* portam estratégias privilegiadas e comuns de guerra híbrida. Tendem a ser instrumentos excelentes da disputa empresarial, política e geopolítica do capitalismo contemporâneo, a partir de seu dínamo imperialista. Quando o *lawfare* começa a ser socialmente contestado, o cancelamento se torna seu sucessor.

Cancelamento e *lawfare* são meios plenamente eficientes de disputa política. Dar destaque a um sujeito é perscrutá-lo. A ele, deita-se um rigor distinto daquele imposto aos demais. Seus atos passam a ser palmilhados, seus erros e fragilidades exacerbados, de tal sorte que se perde a equiparação de cobrança com os demais da sociedade. Além disso, o foco em alguém desfoca o todo, liberando-o de vigilância. Assim, concentram-se juízos, avaliações, depreciações e decisões em torno de um alvo, estereotipando-o. Destacado do todo e posto sob juízo massivo, o sujeito é levado à deterioração. O *lawfare* opera esse destacamento no plano jurídico-institucional; o cancelamento, no plano imagético e da reputação. A política e o sujeito se tornam espetáculo.

A espetacularização é uma desproporção em face da condição do próprio sujeito. Fatos, traços, enviesamentos, suspeitas ou mesmo mentiras são noticiados, reiterados, escrutinados, hiperbolizados, até chegar à saturação. A espetacularização é, ainda, uma desproporção do sujeito em face dos demais sujeitos. Aquilo de que é acusado passa a ser sabido de forma exaustiva, e situações iguais ou efetivamente muito mais impactantes de outras pessoas são desconhecidas. A espetacularização deforma um sujeito em face de si e em face dos demais. Bons se tornam ruins, ruins se tornam bons, pingos se tornam letra e alfabetos inteiros são ignorados.

Com o cancelamento, o *lawfare* não apenas consegue se deslocar para um campo a ele até então não obstado. Estabelece-se, acima de tudo, um refinamento do dispositivo da guerra híbrida, alcançando, agora, alvos em específico. O *lawfare* tende a desgraçar mandatos, grupos, movimentos, partidos. O cancelamento, cirurgicamente, desgraça indivíduos e sua imagem. O combate à reputação sempre foi uma estratégia política e sempre foi um instrumento concorrencial do capitalismo. No entanto, no século XXI, toma forma uma espécie de destruição de símbolos individuais que sirvam de referência contra o sistema. O ambiente crítico é seu alvo privilegiado. O cancelamento tem preferência por artistas ou intelectuais progressistas ou revolucionários, em especial quando estes não têm decisivas fragilidades políticas ou negociais. A sujeitos não-corruptos nem lançados a transações econômicas suspeitas, resta então o moralismo como arma de destruição de imagem.

Ações de cancelamento podem ter uso político e geopolítico tanto para destruir reputações já consolidadas quanto, ainda, para impedir sua consolidação próxima ou futura. Potenciais concorrências, divergências ou críticas podem fazer alguém se tornar alvo. O cancelamento opera espetacularizações que conseguem, em alguns casos, destruir e bloquear a vida social de sujeitos que, muitas vezes, são totalmente vítimas de processos persecutórios. O manejo político da reputação e da imagem é arma poderosa nos ardis contemporâneos do poder.

O combate a experiências de lutas revolucionárias e o definhamento de lutas por transformação social fizeram com que, desde as décadas finais do século XX, mobilizações estratégicas de combate sejam desconhecidas por novas gerações nas sociedades capitalistas. Assim, questões decisivas de embate e luta – a resistência a perseguições, manipulações ideológicas, diversionismos ou erosão de reputações e confianças – deixam de ser fatores mobilizadores, sensibilizadores ou mesmo variáveis na inteligibilidade e na afecção das massas. Em troca, as sociedades do capitalismo pós-fordista foram sensibilizadas pela discursividade liberal progressista, que faz o papel de metrificação máxima e incontornável dos tempos presentes. Na eventual oposição entre perseguição política e acusação moralista liberal, o tecido social tende a ter por índice de avaliação estratégica e de engajamento a última. No neoliberalismo, o apelo do moralismo ganha da compreensão crítica da política.

Com a possibilidade de uso eficaz e legitimado de dispositivos de cancelamento, o capitalismo pós-fordista passa a ter instrumentos excelentes de tática e estratégia de domínio. Acusações de cunho moral têm grande apelo e despertam, inexoravelmente, catarses mobilizadoras de rejeição aos acusados. Quando se aponta – e mesmo se demonstra e prova – um quadro de perseguições subjacente a tal movimento, apenas pessoas e grupos mais politizados criticamente alcançam a compreensão da efetiva trama em curso. Via de regra, sujeitos mobilizados pelos aparelhos ideológicos dominantes tendem a participar de linchamentos morais e danações aos alvos por viverem em ambientes liberais progressistas, partilhando seus parâmetros de intelecção. Ainda que sejam acusações improváveis e mesmo estúpidas – como no caso do pedalinho de Lula ou do suposto crime de pedalada fiscal de Dilma Rousseff –, ou ainda que se valham da estratégia fascista de acusações anônimas, estragos à reputação já são feitos de pronto, porque afecções detratoras ficam marcadas nos receptores das informações. Muitas vezes, quanto mais esdrúxulas as acusações, mais impacto imagético proporcionam. O cancelamento é um instrumento excelente de luta política contemporânea porque, ainda que eventualmente flagrado seu ardil persecutório, seus comandos morais neoliberais vencem o conhecimento crítico sobre a perseguição e a ojeriza aos movimentos políticos e geopolíticos que lhe dão base.

Tratando de casos simbólicos do início do século XXI, Julian Assange foi acusado de violência sexual, Lula, de corrupção. Em ambas as situações, uma massa de indivíduos de perfil liberal progressista se sensibilizou moralmente contra esses personagens, cancelando-os, e apenas um núcleo mais calejado nas lutas políticas compreendeu a trama persecutória que se montou por detrás de frágeis acusações de ordem moral. Símbolos são destruídos a benefício da redução da política aos termos mais conservadores. Uma vez afastada a luta revolucionária e a forja política daí advinda, o cancelamento passa a ser arma eficiente do capitalismo para uso moral difundido nas massas, tendo em vista a manutenção e a expansão da exploração, da dominação e da opressão.

O *lawfare* – ação massiva, concentrada, decisiva e estratégica na distorção política e jurídica –, e o cancelamento – danação massiva, concentrada, decisiva e estratégica da imagem e da reputação de sujeitos –, são atualizações eficientes de padrões antigos e estabelecidos de perseguição. A destruição da imagem e da reputação é uma tônica de todas as sociedades concorrenciais, mas o capitalismo do século XXI consolida e aperfeiçoa o domínio ideológico, fazendo do cancelamento arma decisiva de poder.

## 7.3 Cancelamento, de progressista a reacionário

O fenômeno conhecido nos tempos presentes por cancelamento promana do ambiente liberal. São valores, ideias, protocolos e perspectivas comuns ao liberalismo que orientam e permitem combate a atos ou a reputações que lhes sejam divergentes. O discurso progressista quanto a costumes ou a lutas de identidade é seu centro de gravidade. No entanto, perseguições, danações e desgraçamentos são antigos e atravessam múltiplos atores e grupos sociais. O que hoje se pode considerar como direita tradicional, ou mesmo reacionária, também segrega em nome de valores ou padrões morais. Costuma-se identificar tais posturas persecutórias de direita como inquisitoriais, fascistas. Às liberais, canceladoras. Socialmente, no presente, a última tem sido legitimada.

O cancelamento tem por desenho a delimitação e a proteção de identidades, violências e sofrimentos, de tal sorte que, ao reconhecer indivíduos e grupos vulneráveis, seus agressores possam ser flagelados e a imputação de tal dor sirva de educação e letramento social. Subjaz a tal visão de mundo uma espécie de nova tessitura sobreposta à do universalismo, tal qual renda sobre pano. O liberalismo afirma o individualismo e a universalidade, mas o liberalismo progressista, nesse conjunto, delimita e destaca indivíduos e grupos vitimados. Com isso, cria uma tensão parcial entre a parte e o todo. Os instrumentos de resolução da fragilidade individual e grupal são liberais – reparação, representação, moralização e conscientização –, mas a nucleação rompe com o universalismo liberal – gênero, orientação afetiva e raça geram comandos políticos, jurídicos e sociais para além da igualdade formal ampla. Assim, as palavras e os depoimentos não têm o mesmo peso a depender de quem fale; presunções de inocência são violadas; políticas, punições e fruições são distintas a depender dos sujeitos nos quais incidem. O neoliberalismo progressista é tanto liberal quanto iliberal.

Com base nessa tensão interna ao próprio liberalismo, bloqueia-se a possibilidade de luta estrutural contra o sistema, mas, também, reclama-se um funcionamento moralmente distinto daquele propalado pelas próprias declarações e aparências tradicionais. O liberalismo apregoa a universalidade como base e ideal; o individualismo como nucleação social (baseado na propriedade privada); a liberdade e a igualdade como valores fundantes. Agora, com lutas progressistas que buscam afirmação, representação e reparação dentro do sistema capitalista, o liberalismo mantém a âncora fundamental e maior da propriedade privada, mantém a autonomia da vontade que dá base à contratualização burguesa, mas esgarça parcialmente a universalidade e a igualdade. Indivíduos e grupos vulnerabilizados passam a demandar proteção distinta daquela dada aos demais. A partir disso, há uma moralidade substancial a ser tomada como métrica dos juízos e das ações. O neoliberalismo progressista valoriza a diferença como forma de sustentar uma universalidade reformada, reparada, melhorada. O neoliberalismo progressista sobrepõe um rendilhado a um tecido até então orgulhoso de ser não-estampado e monocromático: diferenciar é melhorar o que já é dado. Seu horizonte de esperança é o de que é possível um capitalismo melhor.

O cancelamento é tomado, nesse horizonte, como um mecanismo de incremento das relações sociais. Punir e vigiar é aperfeiçoar a sociedade existente, resgatando a frase com a qual se acusava ironicamente o liberalismo tradicional: o preço da liberdade é a eterna vigilância. Não se muda o sistema capitalista, mas tampouco se o deixa à mercê de algum automatismo da universalidade: diferencia-se e cancela-se na pretensão de melhor distribuir benesses e danações. Trata-se da busca de um capitalismo "ético", "consciente", "engajado". Apregoando tais encantos, o neoliberalismo deslegitimou perspectivas revolucionárias e socialistas, além de presumir ter alcançado um patamar civilizacional que impunha uma estabilização da história agora nesses próprios termos já dados. Quem se opusesse ao liberalismo se revelaria atrasado, totalitário, reacionário. O progressismo liberal ganhava ares vitoriosos.

No entanto, tal progressismo só foi possível no momento do surgimento do neoliberalismo. Quando de seu alvorecer, opondo-se ao espantalho feito a respeito das sociedades de perfil soviético ou mesmo de bem-estar social que declinavam e eram sistematicamente combatidas, o neoliberalismo se revestiu de discursos ideológicos como o dos direitos humanos, de inclusão e de proteção à diversidade. Privatizações e desmonte de mecanismos de seguridade social eram embalados por dísticos de democracia e cidadania. Contra direitos sociais, direitos individuais e políticas públicas focadas. Mas tal legitimação pretensamente progressista passa a não se sustentar quando a própria reprodução do regime de acumulação pós-fordista entra em crise. Esgotando-se até mesmo as possibilidades meramente aparentes de reparação e inclusão individualista, explodem discursos, movimentos e práticas de extrema-direita. Quanto mais se aprofunda a crise do capitalismo neoliberal, menos forças materiais sustentam os grupos pretensamente progressistas: o reacionarismo é, necessariamente, o epílogo do neoliberalismo.

No quadro das contradições do capitalismo pós-fordista, neoliberal, declina relativamente a força simbólica e política das classes altas e médias de perfil financista ou de serviços, cuja sociabilidade se tornou transnacional, porque bastante similar em plano mundial. A vida quotidiana desses setores está apartada, no imediato, da produção econômica e mesmo da militarização estatal. Se o neoliberalismo em crise é calcado economicamente na financeirização e na especulação, sua reprodução política e social, cada vez mais, é dependente de violência e guerra. Desemprego, flagelos sociais, devastação ambiental, pandemias, imigração e deslocamentos de massa têm como contrapartida necessária, promovida pelas burguesias nacionais e imperialistas, a militarização, a violência aberta, a repressão e até mesmo o genocídio. Assim sendo, as pautas e demandas do neoliberalismo progressista, após chegarem a um relativo apogeu no início dos anos dois mil, passam a sofrer expressivo combate de posições reacionárias e girar em falso em sua própria eficácia.

A sustentação do neoliberalismo progressista é político-moral; no entanto, a sustentação material da acumulação capitalista é apenas e puramente econômica, e sua política é totalmente estratégica, sem considerações ou peias morais. Enquanto nos anos finais do século XX e nos iniciais do século XXI governos, empresas e universidades do capitalismo central alinharam-se em pautas individualistas de inclusão, representação e reparação, houve um ambiente ideológico propício para tensionar parcialmente o sistema em busca de distribuições simbólicas. Mas quando o capitalismo em crise se cambia em definitivo para a reprodução mais extremada da violência e da repressão, afastando laivos inclusivos, então as demandas liberais individualistas de raça, gênero e orientação afetiva se limitam, cada vez mais, aos espaços residuais do progressismo, como os das universidades e alguns ambientes intelectuais e culturais próximos. Empresas e governos, que não têm preocupação moral de fundo, rapidamente devastam suas propagandas progressistas em favor do alinhamento com o reacionarismo necessário à sustentação da acumulação e do imperialismo.

Com isso, as pautas que geram o cancelamento passam a se enfraquecer e as massas são levadas, expressivamente, a posições de extrema-direita. A classe trabalhadora em regressão econômica e social, os setores marginalizados do acesso aos serviços, além dos grupos alheios à dinâmica das classes médias e altas internacionalizadas reagem estruturalmente à sua decadência econômica e às pautas moralizantes e punitivas que sobre si recaem. Pauperização, ressentimentos e reiteração de padrões morais arraigados inclinam as massas às posições reacionárias. A ausência de maiúscula contestação ao capitalismo e ao seu sistema de domínio e opressão faz com que as massas não encontrem formas de sobrepujar seu incômodo social e existencial. Daí, abre-se a contestação reativa ao polo individualista-progressista do neoliberalismo, até então vitorioso. O cancelamento, sendo um dos dispositivos mais bárbaros do progressismo liberal, passa a ser combatido pelos reacionários numa disputa na qual, contraditória e peculiarmente, estes apresentam algumas vezes mais senso de coesão e de respeito às liberdades e à presunção de inocência que os próprios liberais.

O movimento reacionário, no entanto, não faz a crítica do cancelamento propugnando a libertação da sociedade desse dispositivo. Antes de tudo, o cancelamento é uma ferramenta de poder, estratégica, e o reacionarismo passa também a dominá-lo e a utilizá-lo, agora contra seu âmbito original. Os reacionários incorporam o cancelamento como sua estratégia, mirando os que divergem de seus padrões morais. Muito rapidamente, autoridades políticas de extrema-direita passam a se valer das formas de ação e dos esquemas argumentativos do neoliberalismo progressista contra os próprios criadores de tais ferramentas. Mantendo a mesma lógica do dispositivo, mas promovendo um deslocamento temático, os reacionários lançam o seu rendado sobre o pano de fundo da universalidade: proteção às maiorias contra a tirania das minorias; proteção às crenças majoritárias; proteção aos costumes, à sexualidade e aos afetos tradicionais contra os novos; proteção aos nacionais contra os imigrantes. Mediante a mesma forma dos liberais progressistas, a destruição dos seus temários.

Nesse quadro, o cancelamento ganha contornos ainda mais nocivos. Embora surgido no seio de lutas de gênero, afeto e raça, o dispositivo do cancelamento não será sempre operado apenas e necessariamente por liberais progressistas. O aprendizado de seus métodos passa a ser imediatamente facultado a outros grupos e ambientes. Práticas canceladoras ultrapassam seu contexto original, servindo então de pretexto e de possibilidade fática a grupos conservadores, tradicionais e reacionários. A direita e a extrema-direita começam a se valer das ferramentas liberais de segregação e de rompimento parcial da universalidade em seu favor e contra o próprio núcleo progressista que o forjou.

No capitalismo pós-fordista em crise – e que assenta exatamente na crise sua estratégia decisiva de acumulação –, a força dos grupos liberais progressistas declina e a reação política e das massas exasperadas, orientando-se à extrema-direita, ganha ímpeto. Governos de extrema-direita, empresas e aparelhos ideológicos e redes sociais controladas diretamente pelo imperialismo aumentam o espectro social do reacionarismo e também do cancelamento, agora ao seu modo e em seu interesse. Esse dispositivo originalmente neoliberal, reputado inclusivo e reparador, tende a ser, cada vez mais, exclusivo e restaurador. Se se busca modificar a representação mantendo o sistema, ao cabo as dominações e as opressões tradicionais terminarão por ser mais representadas que os não-representados de sempre. O capitalismo não inclui nem repara, apenas exclui e segrega. O liberalismo não pode resolver os problemas dos quais é uma das formas de expressão. Não se sai do buraco do capitalismo puxando os próprios cabelos, nem os do lado direito da cabeça, nem os do lado esquerdo. O cancelamento, criado pelos liberais, vai em seguida ao encontro dos fascistas e realinha então em definitivo seu óbvio eixo de gravidade: retomando às velhas mãos do domínio e da opressão, sem qualquer laivo ou lustro progressista, torna-se, em absoluto, tão-só e simplesmente um dispositivo contemporâneo de Inquisição.

## 7.4 O autoesgotamento do cancelamento

Com a crise do capitalismo pós-fordista, as políticas neoliberais progressistas começam a apresentar menos força que o reacionarismo. Então, dispositivos como o do cancelamento, liberais de início, supervenientemente passam a ser usados pela extrema-direita. Mas, além desse combate externo ao neoliberalismo progressista, ele próprio tende ao seu autoesgotamento. Fincado em termos sociais contraditórios e impotentes, seu ambiente se torna infrutífero e insuportável aos sujeitos que nele se situam e dele participam. Num modo de sociabilidade no qual o cancelamento é arma potencial constante, os próprios canceladores sucumbem subjetivamente, porque percebem estar também no mesmo alvo que alvejam. Girando em torno da inação material e se pautando em moralismo e pulsão de morte, a esquerda liberal progressista não entusiasma nem enlaça: sua dinâmica de reprodução é necessariamente declinante. Daí, embora o cancelamento tenda à expansão por conta do alastramento da crise da sociabilidade capitalista, os estratos sociais liberais que o gestaram tendem ao autoesgotamento.

O custo por não projetar as necessárias lutas de transformação social pelas vias revolucionárias, geradoras de coesão, mas encaminhá-las às formas liberais punitivas, pulverizadoras de castigos, é grande psiquicamente aos seus agentes. O modelo de rigorismo moral e vigilância repressora é esgotador das energias de quem dele participa ou é interpelado. Por isso, seus ambientes tendem à insuportabilidade da sustentação de seus próprios termos. A reprodução social dos nichos de neoliberalismo progressista é difícil, dado que é organizada por pulsões de morte e negatividade. Com o cancelamento, ocorre uma falência estrutural da manutenção das subjetivações. Os sujeitos, demandantes e demandados em grau rigoroso e exigente, deparam-se com a incapacidade e a impossibilidade fática de sustentar suas fantasias e suas métricas morais inquisitórias.

O cancelamento conduz, necessariamente, à exasperação subjetiva de seus próprios agentes. A exigência de parâmetros morais elevados, infrequentes socialmente, leva à constante vigilância – por si e por terceiros – sobre sua própria adequação aos padrões de julgamento deitados contra outros. Com isso, forja-se uma condição pessoal alarmista e alarmada, constantemente interpelada e exigida, e que esgota a economia psíquica. Cancelamentos dos próprios canceladores são frequentes. Exigências olímpicas a outrem são idealizações narcísicas de si próprios que os canceladores não conseguem nem suportam manter. O gozo com a destruição alheia por alegadas razões morais é angustioso ao cancelador. Fundado em uma expansão superegoica, o padrão inquisitorial atormenta também seus próprios operadores.

A sociedade rigidamente normatizada, moralizada e procedimentalizada, no que ganha em previsibilidade e precaução, perde em pulsão vital. O cancelamento é um escoadouro de potências humanas e sociais. De outro lado, formas de libertação social são o contrário do flagelo geral e da normatização exaustiva: constituem-se amorosa e criativamente para a descoberta, o encontro e a frutificação do novo. Assim sendo, o liberalismo progressista tende a ter um atrativo apenas aparente e parcial. Se encanta à primeira vista por representar, reparar e punir, desencanta substancialmente quando se percebe a impotência efetiva desses instrumentos. Mais que isso, atemoriza e exaure: a performance moralizante e a punitividade ampla esgotam seus partícipes.

Num quadro de polarização das posições capitalistas entre liberais progressistas e fascistas, dá-se inclusive uma perda substancial de atratividade dos primeiros em face dos segundos. O liberalismo progressista tem marcadores individualistas e é punidor de seus próprios membros. O fascismo tem marcadores grupais e é punidor dos inimigos, dos outros. Um é repressor moral para dentro, o outro é repressor moral para fora, mas, em alguns aspectos, é liberador pulsional para os seus. O liberalismo progressista é flagelante aos seus, tende ao afastamento e ao rigorismo; o fascismo é flagelante aos outros, tende à atração a si e à autoindulgência. Entre individualismo punitivista pretensamente progressista e coesão conservadora, a sociedade capitalista em crise opta por onde sofre menos e eventualmente goza mais. A ausência de energias efetivamente transformadoras faz a sociabilidade atual escolher entre dois males.

Desde a Revolução Francesa, as sociedades capitalistas sempre conheceram movimentos materialmente sólidos de engajamento revolucionário. Dos jacobinos ao final do século XVIII, aos socialistas utópicos e depois às lutas proletárias de meados do século XIX, houve aglutinação de ações em busca da transformação social. A Revolução Russa, no século XX, abre um campo de movimentos ainda maior, que se estende da revolução chinesa à cubana, das lutas de libertação dos países africanos ao Vietnã. Sempre houve, na sociabilidade de toda a Idade Contemporânea, ativos clamores de transformação, gerando coesões nacionais, de classe, grupais ou partidárias.

Contudo, o final do século XX, com o apogeu do neoliberalismo, esteriliza os horizontes revolucionários mundiais. Grandes massas exploradas, dominadas, oprimidas e inconformadas são levadas à aceitação da regressão social capitalista: privatizações, declínio de direitos sociais, aumento da repressão penal. Setores críticos, como aqueles das classes médias intelectualizadas ou dos representantes de trabalhadores, grupos e movimentos, são instigados a conduzir sua divergência e sua potência de combate aos caminhos do liberalismo. Então, ao invés de abrirem caminhos de revolução, engajam-se em lutas de representação, reparação e inserção no sistema. Já nas décadas finais do século XX, entrando pelas décadas do século XXI, declina a esperança revolucionária, inscrevendo-se o liberalismo progressista como o máximo de posicionamento crítico do tempo histórico.

Como resultado, gerações inteiras perdem potenciais de desejo e ação revolucionárias, comprimindo-se em formas de elaboração e manifestação liberais. Troca-se o lançamento ao novo pela reforma do velho. Afasta-se a organização subjetiva crítica maiúscula pela busca por cargos, bolsas, eventos, locais de fala, espaços de segurança. Então, dispositivos como o do cancelamento passam a ser o modo de ação da impotência da crítica contemporânea: danar a outrem é o que resta na competição incessante de todos contra todos. Na ausência de perspectiva transformadora, o cancelamento é o escoadouro do incômodo das subjetividades. Num mundo sem gozo e marcado pela pulsão de morte, o neoliberalismo progressista é a busca de distribuição de mazelas a todos.

## 7.5 Cancelamento e lutas sociais

Vulnerabilidades de gênero, orientação afetiva, raça e nacionalidade, dentre outras, não são problemas menores no todo social. Exatamente por isso, não podem estar nas mãos das respostas do liberalismo, que, sendo um dos alicerces da sociedade de exploração, dominação e opressão, pensa minorar estas duas últimas mantendo e mesmo expandindo aquela. Há uma contradição estrutural entre processos maiúsculos de afirmação das identidades e formas liberais de ação. Apostando em vias jurídicas e institucionais, décadas de lutas por direitos de minorias e grupos vulnerabilizados se erodem com a mera troca de juízes de cortes supremas por governantes de extrema-direita. Formas de inclusão e representação em governos, empresas, universidades e ambientes artísticos são devastadas quando movimentos reacionários tomam força. Apenas a primazia do dinheiro controla a política, o mundo empresarial e a ideologia.

Lutas contra o patriarcalismo, o machismo, os preconceitos na orientação afetiva, o racismo e a xenofobia, dentre outras mazelas, não conseguem destravar efetivos patamares de transformação social quando comprimidas sob forma liberal. Ao contrário, eventuais sucessos pontuais gestam ambíguos sentimentos e afetos sociais:

regozijo pela representatividade; mal-estar, ressentimento e exclusão nas massas sociais pobres e alijadas das benesses alcançadas pelos setores médios e ricos das sociedades capitalistas. O bloqueio liberal a lutas revolucionárias desmobiliza o potencial efetivamente contestador de classes exploradas e grupos sociais dominados e oprimidos.

A disputa nas instituições tem escopo limitado e não gera mobilização no todo social. A universidade, antes de ser um ambiente de inclusão geral, é um espaço de exclusão, produtor de distinção e controlador do saber. A academia, quando busca ser representativa, torna-se apenas menos seletiva em relação ao acesso de alguns sujeitos das classes exploradas. A contradição está em sua forma. Os meios de comunicação de massa, sejam os tradicionais sejam os novos, da internet e das redes sociais, são controlados por setores monopolistas das burguesias nacionais e internacionais, a serviço do imperialismo. As artes formam um circuito de acumulação e também de pasteurização ideológica. A indústria cultural não é emancipatória. A política estatal e o Direito, ainda que com perspectivas de gênero, orientação afetiva e raça, são formas sociais do capital, centrais à sua reprodução. As empresas, mesmo que seguidoras de protocolos e propagadoras de preocupação social e ambiental, são o enfeixamento nuclear da própria acumulação. Lucro e exploração são suas leis.

As lutas liberais progressistas em instituições cujas formas não são moldáveis substancialmente por protocolos e intenções morais são uma ação em busca da quadratura do círculo. Desperdiçam energias necessárias às efetivas lutas de transformação estrutural das sociedades capitalistas. Por não resolverem as contradições sociais, as políticas liberais progressistas geram esgarçamentos psíquicos e relacionais que acabam por confluir, sempre, no reacionarismo. Dada a urgência da transformação das condições das classes trabalhadoras e exploradas, das mulheres, das orientações afetivas combatidas, dos grupos racializados, das etnias perseguidas e dos imigrantes, dentre outros, há a necessidade de apontar para formas de luta substanciais, necessariamente revolucionárias.

Estruturar as lutas de gênero, orientação afetiva, raça e nacionalidade em patamar sólido é fazê-las serem batalhas necessárias e incontornáveis na direção de uma emancipação social materialmente plena. Somente mobilizações revolucionárias têm o poder de gerar coesões suficientes para superar exploração, dominações e opressões em conjunto. Toda defesa da ordem é a manutenção das hierarquias, das tensões sociais e das exasperações individuais no capitalismo. Libertar as lutas das suas amarras às formas liberais de ação é ultrapassar suas contradições intrínsecas. Batalhas de gênero, orientação afetiva, racialização ou nacionalidade perdem vigor e estratégia quando se resignam às formas dos pleitos por punição, reparação ou representação dentro do sistema. Em face desse quadro, trata-se então de mudar a sociabilidade e as formas de subjetivação. Só é possível emancipar da dominação e da opressão libertando-se da exploração. O socialismo é a bandeira já de há muito inadiável. O liberalismo, ainda que progressista, é um inimigo da efetiva emancipação.

Mais do que afirmar identidades no quadro social já dado, como se fossem categorias fixas de metas disputando espaços também fixos, a superação de ferramentais liberais como o do cancelamento permitirá abrir estratégias mais consequentes para a identificação crítica dos sujeitos. Não se trata de disputar distribuição de representações e benesses dentro de uma sociabilidade exploratória, dominadora e opressora. Trata-se de estabelecer processos materialmente eficientes de superação de conflitos estruturais, permitindo outro enlaçamento social. Por isso, impõe-se a crítica da cristalização liberal das identidades, ainda que pleiteadoras de reconhecimento e reparação. A luta contra a opressão das identidades se faz com formas libertadoras de identificação. Sociabilidade outra, sujeitos outros.

A classe trabalhadora, no capitalismo, ainda que representada institucionalmente ou parcialmente apoiada em direitos, é explorada. No socialismo, sua subjetividade é outra: enquanto totalidade social, será detentora dos meios de produção. Haverá classe trabalhadora, mas não assalariada nem explorada. O mesmo com gênero, orientação afetiva, raça e nacionalidade. É a transformação do gênero e da sexualidade que se põe em causa; o rearranjo afirmativo e libertário dos demarcadores de racialização e a extinção das divisões entre Estados e nações. A luta pela resolução dos flagelos hoje existentes nas identidades é a luta por afirmações de especificidades, mas é também a busca de construir coesões até hoje não havidas. Ainda persiste e é o mesmo o corolário da transformação social: explorados de todo o mundo, uni-vos. Os marcos decisivos do conflito social não são os internos às classes trabalhadoras, são aqueles que separam exploradores e explorados. Não é possível ignorar quaisquer conflitos numa sociedade estruturada na contradição. O capitalismo como todo está em causa.

O liberalismo progressista presume a identidade como uma marcação já dada e desejante de reconhecimento como tal, disputando primazia de alocação com as demais. Ocorre que toda identidade é resultado de um processo histórico e social de identificação. Sujeitos não são dados, são produzidos. Sua identificação é feita por si e pelos outros, mediante relações dinâmicas e contraditórias. A subjetividade é atravessada pelos vínculos sociais, interpelada por eles, reagente a eles. As condições dos sujeitos são produzidas e reproduzidas a benefício de uma sociedade de diferença de classes, raças e gêneros. Hierarquia, violência, opressão, dominação e exploração são seus dísticos. Daí, não se trata de requerer espaço, representação ou legitimidade dentro de tal sociedade, mas, sim, de identificar-se criticamente, de modo a se posicionar em luta pela reestruturação social. A afirmação liberal da identidade leva à reforma/conservação do já dado. O processo de identificação crítica a partir de bases radicalmente distintas das atuais leva à luta e à reconfiguração social.

Resolver as contradições sociais mediante instrumentos institucionais de representação e reparação é, ao cabo, manter a própria situação que se deseja mudar. Como forma liberal de encaminhar conflitos, violências e vulnerabilidades, o cancelamento até reposiciona indivíduos e redistribui dores, mas mantém a concorrência e a disputa em uma sociedade de exploração, dominações e opressões. Assim, esculpir lutas por identidades e comportamentos idealizados ou desejáveis – ou repressoras de outros indesejáveis – num quadro social fixo é girar em torno da distribuição social de moralizações e punições sem se direcionar à mudança da produção social.

O cancelamento leva à repressão, e esta conduz à imputação de responsabilidades, não à responsabilização como processo social. No que tange ao campo sexual, o cancelamento é um regulador de sexualidades, valendo-se de mecanismos em negativo, sem operar a positividade da produção do desejo de outra sexuação. Na esfera das identidades, o cancelamento faz recauchutagens das posições individuais dentro de um todo social já dado, mas não opera uma nova identificação substancial dos sujeitos entre si. A identidade passa a ser mecanismo de defesa, de proteção, de contraste e de isolamento em face de outrem e do mundo. Afirmando-se em termos de distinção e disputa distributiva de reconhecimento, representação e punição, a identidade exerce uma função de afastamento. Ao contrário, a identificação é um processo de constituição do sujeito a partir de sua relação com o outro. Ela permite instrumentos materialmente eficientes de combate e permite, inclusive, fazer de lutas por diferença formas de união de lutas. Identidade é diferença, identificação é implicação.

O cancelamento é punição e imposição de responsabilidades como castigos. Para além dele, formas maiúsculas de construção de identidade como identificação social crítica são mecanismos de responsabilização: implicação dos sujeitos em processos de superação da exploração, das dominações e das opressões.

## 7.6 Cancelamento e sentido da sociedade

Em mais de dois séculos de modo de produção capitalista hegemonizando o plano mundial, a superação de sua exploração conhece tanto sucessos quanto fracassos. Desde o neoliberalismo ao final do século XX, a sociabilidade atravessa brutais regressões, retomando e reelaborando seus persistentes fascismos. No entanto, tempos antes, no início do próprio século XX deu-se a revolução russa, e os meados desse século lograram variadas lutas de libertação nacional nas periferias do mundo. A história, embora determinada por formas de produção e reprodução social, é aberta, atravessada por lutas e dinâmicas variadas e mesmo aleatórias; a transformação social é, efetivamente, uma possibilidade.

A contemporaneidade consolidou três grandes horizontes políticos: liberalismo, reacionarismo e revolução. Estes são três modos de pensar a sociedade e três modos próprios de subjetivação. Minha proposta da existência de três caminhos da filosofia contemporânea, desenvolvida em *Filosofia do Direito* (GEN-Atlas, 2024), aqui se desdobra também para as afecções sociais e subjetivas: liberalismo, não-liberalismo e crítica são as bases possíveis de pensamento e ação da contemporaneidade. Cada um desses horizontes porta um sentido da história: o liberalismo, a afirmação do presente; o reacionarismo, o louvor do passado, da tradição; a revolução, o futuro. Também três afecções aqui se consolidam: no liberalismo, a indiferença (manutenção do já dado); no reacionarismo, o medo (resistência à mudança); na revolução, a esperança (o lançar-se ao ainda não dado).

A ideologia do pós-fordismo atual se bifurca entre pretensões de racionalidade e civilização – liberalismo – e clamores por ordem, coesão, valores tradicionais – reacionarismo. No presente, o horizonte do socialismo escasseia como vetor de mobilização social; liberais e reacionários o têm como anátema. Os três caminhos filosóficos da contemporaneidade são também três bases da ideologia, duas delas frequentes, de confirmação social e conservação, uma delas rara, de ruptura. Em termos psicanalíticos, somando-se às proposições de Jacques Lacan, como aquelas de seu *Seminário 17*, tais três caminhos implicam três modos de relação social, correspondentes a três discursos de enlaçamento dos sujeitos: do universitário, do mestre e do revolucionário. Essas três formas de narrativa possíveis aos sujeitos são as três ideologias em torno das quais se pode inferir tanto as forças e fraquezas dos movimentos sociais e políticos da atualidade quanto o sentido e as tendências do cancelamento.

O liberalismo funda a autoridade de suas ações no "discurso do universitário", isto é, numa discursividade técnica, pretensamente científica e racional. A exploração capitalista, a produção, a circulação e a acumulação se revestem de valores idealizados – universalidade, isonomia, liberdade negocial, propriedade privada, segurança jurídica, eficiência. Uma expressiva vertente desse chamado discurso do universitário está no neoliberalismo progressista atual: educar comportamentos, reparar, incluir, melhorar relações e administrar instituições a partir da razão. Aqui, o cancelamento pretende educar pela negatividade, letrar, conscientizar. O liberalismo, como apanágio do Iluminismo, é sempre narrado como um discurso do saber, "universitário", mas este penetra pouco nas massas, por ser uma discursividade de privilegiados que pretensamente superaram as armadilhas do inconsciente e do desejo, porque esclarecidos pela razão. O liberalismo progressista é uma distinção humilhadora, ostentando uma medalha hipócrita de uma pureza impossível.

O reacionarismo funda a autoridade de suas ações no "discurso do mestre", isto é, numa discursividade hierárquica, orgânica, estabilizadora de pretensos valores inexoráveis e necessários. Há uma liderança que conduz porque sabe, é reconhecida socialmente, é portadora dos valores, das tradições e da verdade que se dá às massas não como ensino ou letramento, mas como revelação ou transmissão mediante autoridade. O cancelamento, quando feito por mãos reacionárias, não pretende letrar, mas sim afastar o indesejável, coesionar conforme o tradicional, o sagrado, o que não pode ser rompido. Ambos as discursividades, técnica (do universitário) e de coesão tradicional (do mestre), são variantes compatíveis com o discurso do capitalista e a ele aderentes. São, exatamente, as narrativas das duas bases ideológicas que sustentam o cancelamento. Cancela-se porque se sabe racionalmente o melhor e então a partir da repressão se educa: eis a base discursiva psicanalítica do liberalismo progressista. Cancela-se porque há uma ordem social e valores a serem mantidos e, então, a partir da repressão se segrega: eis a base discursiva psicanalítica do reacionarismo.

O ausente no capitalismo pós-fordista é o "discurso do revolucionário", isto é, a discursividade que não transige com a ideologia dada e que rompe com a ordem em favor de se orientar pelo desejo e pela falta. Tal base ideológica não se funda no interesse de partilhar nacos do consumo e da representação nesta sociabilidade, mas no desejo de transformá-la, superar suas bases e instaurar relações não-exploratórias, socialistas, nas quais o circuito do gozo presida as relações sociais. O discurso do revolucionário é do prazer pelo novo que se construirá e se fruirá. Ocorre que, na atual forma de reprodução do capitalismo, lastreada na crise como regime de acumulação e modo de regulação, o discurso da revolução não se abre. Então, ideologicamente, os sujeitos no capitalismo gritam apenas por repressão.

A crise não leva necessariamente as massas fragilizadas à revolução; via de rega, condu-las à busca de uma estabilidade reacionária. Nas massas, isso se faz pela religião e pela inclinação à extrema-direita política. Apenas nos setores médios e intelectualizados isto se faz com o moralismo burguês, com inclinação ao liberalismo progressista. O discurso do universitário, técnico, é insuportável e exasperante às massas. A ideologia liberal-progressista é tomada por fria, esnobe e hipócrita. O discurso do mestre, organicista, é insuportável às classes médias e cosmopolitas liberais; é, no entanto, aderente aos grupos sociais fragilizados e submetidos à militarização do conflito social. Enquanto não há movimento revolucionário, o capitalismo em crise se torna plenamente moralista, tanto pelos moralistas neoliberais quanto pelos religiosos reacionários – com tendência maior à regressão.

Somente a consolidação de formas maiúsculas de lutas sociais permitirá outra canalização das insatisfações e das energias de destruição e de construção subjacentes aos sujeitos e às massas. A abertura do desejo do ainda não dado nas relações econômicas e na identificação da sexuação, da racialização ou da grupalização tira a orientação da distribuição de vantagens e punições para pô-la na produção da sociabilidade. A forma do cancelamento deixará de ser atrativa – e se revelará mesmo abominável – quando for possível um efetivo engajamento subjetivo em outras formas de ação que lhe sejam materialmente superiores: as lutas revolucionárias, construtoras de laços sociais ainda não dados. Estas podem se afirmar apenas no terreno do desejo, da instigação para mais além.

O cancelamento é o reclame da forma liberal ou da forma reacionária da repressão e da expansão superegoica. Já a revolução é o reclame da pretensão de plenificação do prazer e do gozo; para que seja feita, suas estratégias devem amalgamar e entusiasmar. Ocorre que no capitalismo o reclame do desejo está preso ao consumo, à hierarquização e à distinção, marcas tanto de liberais como de reacionários. Com a política do cancelamento, desperdiçam-se brechas de potência do gozo em troca do vislumbre do flagelo geral. Em diferença do atualmente dado, caso o conflito social seja tensionado sob forma revolucionária, abrem-se dutos de pulsão efetivamente transformadora. Para libertar a sociedade de reacionários e canceladores, ambos moralistas e, portanto, esgotadores das energias psíquicas, existenciais e sociais, impõe-se produzir o desejo da revolução, do novo, do ainda não existente, forma por excelência de transformar a sociedade. O prazer da e na luta gerará o prazer de uma sociedade do prazer.

Ao tempo do nazismo e das grandes guerras mundiais, as proposições de Wilhelm Reich acerca da peste emocional, se se prestaram a ser apenas uma categorização genérica acerca da dinâmica das sociedades repressoras, servem-nos, no entanto, como simbologia das linhas de forças subjacentes aos conflitos sociais. As contradições do capitalismo forjam subjetividades exasperadas, cansadas, desesperadas e conduzidas coercitivamente à concorrência, ao domínio, à prevalência e à distinção. E, no capitalismo, são poucos os que exploram, lucram, dominam, prevalecem e se distinguem. Nada dessa distinção e dessa hierarquização entre poucos e muitos advém de mérito. Os males de todos contra todos são ainda mais impulsionados quando o liberalismo é sugerido como única métrica possível da ação social. A ação impotente do cancelamento é um modo de propagação da peste emocional. Dar potência aos sujeitos no mundo é fazê-los poder gozar formas socialistas de plenitude e afeto.

Neoliberais e reacionários soluçam por cancelamento; na sociabilidade capitalista em crise, seu engasgo é de perfil inquisitorial. No entanto, mudanças não advêm de soluços ou gritos repressores: só surgem com a voz da crítica. Daí, enfrentar a fala da Inquisição também é um passo necessário para destravar o desejo e ecoar a transformação. Giordano Bruno, preso anos a fio, lutou contra a Inquisição, mas ela o matou. Padre Vieira, preso anos a fio, lutou contra a Inquisição; foi uma de suas raras vítimas famosas não mortas. Ao pregar contra a perseguição a judeus e contra a escravização, Vieira não encontrava, no saturado ambiente inquisitorial, quem o escutasse. Dedicou então um Sermão a Santo Antônio, santo dos pobres contra os ricos que, quando ignorado pelas massas por seu discurso de subversão dos valores sociais medievais, foi pregar aos peixes, que o escutaram. Na atualidade, à frente de um mar de dores da sociabilidade, que a palavra de combate ao cancelamento e de superação da exploração, da dominação, da opressão e da concorrência encontre e permita a multiplicação dos peixes.

As dores do capitalismo e do cancelamento serão substituídas, com prazer, pelo desejo e pela prática da vida abundante, justa e entusiasmada.

A Editora Contracorrente se preocupa com todos os detalhes de suas obras! Aos curiosos, informamos que este livro foi impresso no mês de novembro de 2025, em papel Pólen Bold 70 g/m$^2$.